Vittorio Tessera

Lambretta lui

Storia, modelli e documenti - History, models and documentation

GIORGIO NADA EDITORE

Giorgio Nada Editore Srl

Coordinamento editoriale/Editorial manager
Leonardo Acerbi

Redazione/Editorial
Giorgio Nada Editore

Impaginazione/Layout
Aimone Bolliger

Copertina/Cover
Sansai Zappini

Giorgio Nada Editore
Via Claudio Treves, 15/17
I – 20090 VIMODRONE MI
Tel. +39 02 27301126
Fax +39 02 27301454
E-mail: info@giorgionadaeditore.it
http://www.giorgionadaeditore.it

Allo stesso indirizzo può essere richiesto il catalogo di tutte le opere pubblicate dalla Casa Editrice.

The catalogue of Giorgio Nada Editore publications is available on request at the above address.

Distribuzione:
Giunti Editore SpA
via Bolognese 165
I – 50139 FIRENZE
www.giunti.it

Lambretta Lui
ISBN: 978-88-7911-704-3

Ringraziamenti

Un sentito ringraziamento va al Centro per la Cultura d'Impresa di Milano per la grande disponibilità nel ricercare le immagini Lambretta all'interno del loro vastissimo archivio storico industriale. Grazie al loro competente lavoro è stato possibile realizzare questo volume con fotografie preziose e inedite. Queste immagini provengono dallo studio del Dott. Roberto Zabban, fotografo della Innocenti dal 1957 al 1968, che ha gentilmente donato tutto il suo archivio al Centro per la Cultura di Impresa.

Desidero ringraziare, inoltre, tutte le persone che mi hanno aiutato nella ricerca della documentazione storica: Gianpiero Cola, Markus Froschen, Hans Karlen, Roberto Lampa, Stuard Lenning, Tullio Masserini, Mario Negri, Leif Nyrén, Bruno Pisaniello, Antonio Campisi.

E, per finire, un infinito ringraziamento alla famiglia Innocenti, che mi ha sempre sostenuto nella mia opera di ricerca, mi ha dato la possibilità di utilizzare l'archivio storico Innocenti e ha contribuito in maniera sostanziale alla creazione del museo Scooter&Lambretta.

Acknowledgements

Sincere thanks go to the Centro per la Cultura d'Impresa in Milan for their great help in searching for Lambretta photos within their vast industrial archive. Thanks to their competence we have been able to create this book with invaluable and previously unpublished photos. These images come from the studio of Roberto Zabban, the Innocenti photographer from 1957 to 1968, who generously donated his entire archive to the Centro per la Cultura di Impresa.

I would also like to thank all those who assisted me in the search for historical documentation: Gianpiero Cola, Markus Froschen, Hans Karlen, Roberto Lampa, Stuard Lenning, Tullio Masserini, Mario Negri, Leif Nyrén, Bruno Pisaniello, Antonio Campisi.

Lastly, my infinite thanks go to the Innocenti family for its continued support of my research work, for allowing me the opportunity to use the Innocenti historical archive and for having made a substantial contribution to the creation of the Museo Scooter&Lambretta.

Stampa/Printing
Lito Terrazzi - Iolo (Prato)
Settembre/September 2017

Indice | Index

Nessuno... come Lui

Al Salone del Motociclo di Milano del 1961 fa sensazione, allo stand Innocenti, il prototipo della Lambretta 50. Il Nuovo Codice della Strada, entrato in vigore da poco più di un anno, consente la guida dei ciclomotori (i "Cinquantini") ai quattordicenni senza obbligo di targa o di patente. Il risvolto commerciale è più che allettante: purtroppo però la piccola Lambretta conosce una gestazione lunga e difficile, tanto da essere presentata in versione definitiva soltanto tre anni più tardi, alla fine del 1964: è la J 50, dove J sta per "Junior", ad indicare che è rivolta in particolare alla giovane clientela.

Nonostante il ritardo, la Lambretta J 50 conosce comunque un discreto successo ma accusa anche qualche serio problema: nel novembre 1966 viene presentata la seconda serie con la carrozzeria portante ridisegnata. Agli inizi del 1968 si affianca la versione De Luxe, con un'estetica più curata, migliori finiture e le ruote da 10" in luogo di quelle da 9" dei modelli conosciuti. Ma siamo agli inizi di una crisi che si rivelerà irreversibile: i volumi di vendita sono modesti rispetto alle attese – e soprattutto rispetto agli investimenti – e, per questo, si ricercano nuovi spazi commerciali. La direzione dell'Innocenti decide di promuovere la realizzazione di uno scooter essenziale, molto economico, da affiancare alla Junior ma ad un prezzo di vendita particolarmente contenuto. Il prototipo approntato – pur rispondendo ai requisiti richiesti – non convince la Direzione Commerciale che preferisce affidarne lo sviluppo ad uno dei più famosi e apprezzati designer automobilistici del tempo: Nuccio Bertone, il "padre" di alcune creazioni immortali come l'Alfa Romeo Giulietta Sprint o la Lamborghini Miura. In poco più di tre mesi, prende forma uno scooter assolutamente innovativo, del tutto svincolato dai canoni estetici fino allora conosciuti. Nella primavera del 1968 viene presentato il Lui 50 e, contemporaneamente, inizia un grandioso battage pubblicitario sostenuto dallo slogan "Tutti per Lui, Lui per tutti". L'accoglienza da parte di pubblico e stampa è favorevole: la linea del Lui propone soluzioni inesplorate nel settore del veicolo utilitario anche se, paradossalmente, proprio la sua geniale originalità costituirà il limite principale alla sua diffusione.

Il Lui è offerto in due versioni: la C, più spartana, venduta a 89.500 lire e la CL, più raffinata, venduta a 95.000 lire. I prezzi sono quanto mai concorrenziali e sensibilmente inferiori quelli dei diretti concorrenti.

La meccanica è in pratica la stessa della Lambretta J 50: il gruppo

INNOCENTI

SOC. GENERALE PER L'INDUSTRIA METALLURGICA E MECCANICA
CAPITALE L. 20.000.000.000 INTERAMENTE VERSATO
MILANO ROMA NEW YORK PARIGI LONDRA CARACAS DÜSSELDORF

A TUTTI I LICENZIATARI
CONCESSIONARI E IMPORTATORI
LAMBRETTA

MILANO
20100
VIA PITTERI, 81
CASELLA POSTALE 8291
TELEX 31081 INNOCEMI - MILANO - TELEX 61081 INNOCERO - ROMA
TELEX 22450 INNOCEN - NEW YORK
TELEGRAMMI INNOCENFER
TELEFONO N. 23-93
CCIA MILANO 193706

MES
Rif. CA/231.C6 Data 29/5/1968
DA CITARE NELLA RISPOSTA

L'ansia di novità, caratteristica del moderno mercato mondiale delle due ruote, che impone un costante adeguamento dei tipi e dei modelli per il soddisfacimento di gusti mutevoli e bisogni crescenti, ha indotto la INNOCENTI a studiare, con la collaborazione del grande stilista italiano BERTONE, un nuovo veicolo, rivoluzionario nella forma e molto avanzato nella tecnica.

Ecco pertanto nascere quella che da oggi sarà la

nuova linea degli anni settanta

Perchè "degli anni settanta"? Perchè Vi stiamo proponendo oggi un mezzo di locomozione, così nuovo e moderno, che sarà tale anche nei prossimi dieci anni, cioè "negli anni settanta".

Il primo modello di questa avveniristica linea è stato presentato a Milano, alla stampa italiana, il 28 maggio 1968. Si tratta di un motoveicolo da 50cc di cilindrata, le cui prestazioni sono rigidamente vincolate ai limiti imposti dalle norme di legge del codice stradale italiano.

./.

No one... like Lui

The prototype Lambretta 50 caused a sensation on the Innocenti stand at the Milan Motorcycle Show in 1961: Italy's new Highway Code, introduced just over a year earlier, allowed mopeds (known as cinquantini *or "fifties") to be ridden by 14-year-olds, with no need for registration plates or licences. While the commercial implications were particularly interesting, unfortunately the little Lambretta's gestation was long and troubled with the definitive version only being presented three long years later: this was the J 50, with the "J" standing for "Junior", indicative of its youthful target clientele. Despite the delay and a series of teething troubles, the Lambretta J 50 enjoyed considerable success: the second series with redesigned load-bearing bodywork was presented in November 1966. Early in 1968, a De Luxe version was introduced with improved styling, a better finish and 10" wheels rather than the 9" rims fitted to earlier models. However, this was also the beginning of what was to prove to be an irreversible decline: sales volumes were modest with respect to expectations and above all the investments made and the company began to turn its attention to new niche markets. Innocenti's management opted to back the development of a simple, highly economical scooter that would flank the Junior but be sold at a considerably lower price. The prototype met this brief but failed to convince the commercial department, which preferred to entrust final development to one of the most famous and well-thought-of automotive designers of the period: Nuccio Bertone, the father of a number of immortal creations such as the Alfa Romeo Giulietta Sprint and the Lamborghini Miura. In little more than three months an absolutely innovative scooter took shape, one that shrugged off the established styling canons. The Lui 50 was presented in 1968, accompanied by a massive advertising campaign based on the slogan "Tutti per Lui, Lui per tutti" ("All for Lui, Lui for all"). Both the public and the press gave the new scooter a warm welcome: the Lui's styling offered solutions previously unexplored in the utility vehicle sector, although paradoxically it was to be this originality that eventually represented the principal limit to its distribution.*

The Lui was offered in two versions: the more spartan C, sold at 89,500 Lire and the more sophisticated CL, sold at 95,000 Lire. The pricing was extremely competitive, significantly undercutting the model's direct competitors.

The mechanical specification was effectively that of the Lambretta J 50: the engine was the same, while the casings were modified in line with the new styling and a new carburettor was adopted, but still with a 12 mm jet.

INNOCENTI

SOC. GENERALE PER L'INDUSTRIA METALLURGICA E MECCANICA
CAPITALE L. 20.000.000.000 INTERAMENTE VERSATO

MILANO ROMA NEW YORK PARIGI LONDRA CARACAS DÜSSELDORF

MILANO
20100
VIA PITTERI, 81
CASELLA POSTALE 3291

MES
Rif. CA/231. C6
DATA 29/5/1968

ALL LAMBRETTA
CENSEES, CONCESSIONAIRES
D IMPORTERS

As you know, the demand for something new is a constant feature of the motor-cycle market, and the various types and models are always having to be adapted or modified to keep up with ever-changing taste and growing needs.

With this in mind, INNOCENTI, with the co-operation of the great Italian designer BERTONE, have brought out a new machine, which is both revolutionary in form and advanced in its technical charactetistics.

The result of this co-operation has been the creation of what, from now on, will be called

the new Line of the seventies

"Why 'the Seventies'?" you may ask. Because the vehicle that we are presenting to you today is something so entirely new and modern that it will remain so for the next ten years - that is, in "the Seventies".

./.

INNOCENTI

FOGLIO N° 2

(Rif. MES/CA. 231. C6)

Questo tipo, destinato esclusivamente al mercato interno, sarà seguito da tre modelli appositamente studiati per l'esportazione:

Lambretta 50 S — Lambretta 75 S — Lambretta 75 SL

La sigla "S", che li contraddistingue si riferisce allo slogan con cui viene lanciata questa nuova linea:

Lambretta degli anni settanta

La presentazione estera di questi motoveicoli avverrà, nei prossimi mesi di settembre ed ottobre, in lanci ufficiali che verranno tenuti in una città centrale della Vostra zona geografica nella quale avremo il piacere di averVi ospiti, come da successive informazioni che Vi giungeranno.

Per il momento il semplice esame degli allegati che accompagnano questa circolare Vi permetterà di fare la prima conoscenza con la LAMBRETTA degli anni settanta e di rilevare l'entità dello sforzo produttivo e del programma commerciale in atto.

L'inedito non è soltanto nel disegno rivoluzionario della linea e nelle prestazioni, ma anche nel tipo di progetto che ha dato una definitiva soluzione a molti dei problemi relativi ai montaggi locali e al servizio di assistenza, nonchè ridotto notevolmente gli ingom-

(Rif. MES-CA/231. C6)

bri di spedizione. Il modello 75 SL, poi, con il suo iniettore automatico dell'olio, cioè il nostro sistema Lubematic rappresenta qualche cosa di nuovo nella produzione europea.

La Vostra sensibilità di venditori Vi avrà già fatto comprendere che siete di fronte ad una linea di prodotti con possibilità eccezionali. In questo siamo confortati dall'opinione di molti di Voi che hanno avuto l'occasione di visitarci nelle ultime settimane e che, quindi, sono parzialmente già al corrente di questa novità. I loro giudizi e le loro previsioni sono stati unanimamente positivi, senza riserve.

Con quanto espostoVi, in merito al silenzioso lavoro dell'ultimo anno, riteniamo di avere fatto completamente ed intelligentemente il nostro dovere. Sta ora a Voi, alla Vostra immaginazione, alla Vostra capacità inventiva, al Vostro coraggio, di fare di questa nuova linea LAMBRETTA un successo senza precedenti. Ancora più che nel passato ci troverete sempre pronti a sostenerVi, consigliarVi e darVi i necessari chiarimenti.

Una raccomandazione: almeno nel primo periodo, non ci proponete modifiche o soluzioni diverse da quelle già da noi prescelte. Questo, non perchè le Vostre raccomandazioni non ci siano gradite, ma perchè dovremo forzatamente lavorare in serie. Una volta "messa in moto la macchina", si potrà discutere su soluzioni differenti o alternative.

Buon lavoro!

INNOCENTI

termico è il medesimo, i carter sono leggermente modificati per adattarli alle esigenze estetiche e cambia il tipo di carburatore ma sempre con diffusore da 12 mm.

L'entusiasmo suscitato dalla novità non trova particolare riscontro nelle vendite: il Lui è forse troppo avanti come concezione estetica e troppo lontano dai canoni del veicolo utilitario, inteso non solo come mezzo di svago ma soprattutto come strumento per raggiungere il posto di lavoro. È basso, leggero ma è misero nella sostanza; l'abitabilità lascia a desiderare, non ha portaoggetti o ganci appendiborse, lo scudo ripara ben poco e la pedana stretta e concava sacrifica la posizione delle gambe. L'unico accessorio disponibile è un piccolo portapacchi posteriore dal disegno in perfetta armonia con la linea del Lui: non c'è però la possibilità di montare un parabrezza e soprattutto manca la ruota di scorta, due accessori praticamente obbligatori per il pubblico adulto del tempo. La già citata leggerezza dello scooter lo rende maneggevole ma non favorisce la sicurezza di guida: la stabilità è approssimativa, il Lui saltella facilmente sulle asperità anche perché le sospensioni – la forcella in particolare – hanno un comportamento per nulla progressivo. Per ovviare almeno in parte a questo aspetto "ballerino", il Lui è l'unico scooter nella storia dell'Innocenti a montare i mozzi ruota realizzati in unica fusione di ghisa allo scopo di aumentare peso e stabilità di marcia. I nuovi leveraggi imposti dalla forma del telaio hanno reso piuttosto duro il cambio a tre marce: per aumentarne manovrabilità e scorrevolezza, le guaine hanno l'interno in nylon, una novità assoluta, a conferma di come l'Innocenti profondesse risorse tecniche ed economiche per la riuscita dei suoi prodotti. Anche i freni sono modesti: l'anteriore fa quello che può – ossia poco – mentre il posteriore blocca troppo facilmente la ruota con conseguenze ben immaginabili. A tutto ciò si aggiungono prestazioni disarmanti: il Lui è inspiegabilmente meno brillante della J 50 e drammaticamente ancorato alle prestazioni Codice.

Con un ultimo, quasi disperato tentativo di salvare un progetto costosissimo per impegno sia tecnico che pubblicitario, l'Innocenti presenta alla fine dello stesso 1968 il Lui con cilindrata aumentata a 75 cc. La passerella è quella dei saloni stranieri, Colonia, Parigi e Tokyo, dove l'Innocenti è presente come unico Costruttore non giapponese. La carrozzeria, le ruote e i freni sono gli stessi del 50 cc, la sella è biposto, l'impianto elettrico è adeguato alle normative vigenti, la grossa marmitta è rialzata e di forma sportiva e il filtro dell'aria ha la cartuccia di carta sostituibile. Il cambio è a 4 marce, la potenza dichiarata di 5 CV. Anche in questo caso sono offerte due versioni, la S e la SL che adotta, per la prima volta, un sistema di lubrificazione separata, denominato "Lubematic": un primato per l'Innocenti con il Lui 75 SL che è il primo scooter di serie a montare il miscelatore automatico. La maggiore brillantezza delle prestazioni – il Lui 75 supera gli 80 km/h – giova sicuramente allo scooter ma impone ancora maggiore attenzione alla stabilità precaria. Nonostante la novità, il Lui 75 non sfonda ma anzi si rivela un "flop" che peggiora la già critica situazione dell'industria milanese. Il Lui 50 esce di produzione nel mese di giugno del 1969; pochi mesi più tardi – siamo nel 1970 – toccherà al 75. Termina così mestamente la storia di uno degli scooter più originali ed innovativi mai prodotti.

The enthusiasm aroused by the new scooter failed to translate into satisfactory sales: the Lui was perhaps too far ahead of its time in terms of styling and too far removed from the traditional canons of the scooter, understood not only as a recreational vehicle but also as a utilitarian means of everyday transport. It was low and light but relatively unsubstantial: it left a lot to desire in terms of comfort and convenience, there were no lockers or bag hooks, the leg-shield provided little protection and the narrow, concave footboard compromised the leg position. The only accessory offered was a small rear luggage rack perfectly integrated with the styling of the Lui. There was instead no means of attaching a windscreen and above all no spare wheel, two accessories that were all but obligatory for the adult clientele of the time. The aforementioned lightness of the scooter made it manoeuvrable but hardly favoured safety as stability was never a strong suit: the Lui tended to skip on rough surfaces as the suspension, the front fork in particular, was by no means progressive. Partly in order to overcome this instability, the Lui was the only scooter in Lambretta history to be fitted with one-piece cast iron wheels designed to increase weight and improve its handling. The new linkages imposed by the shape of the frame made the three-speed gear change rather stiff; in order to make changing easier and smoother the cable sheathes were given innovative nylon inners, an example of how Innocenti lavished technical and economic resources to guarantee the success of its products. The brakes were also modest: the front did what it could – very little in truth – while the rear locked up all too easily, with predictable results. All this was complemented by sedate performance: the Lui was inexplicably less lively than the J 50 and dramatically anchored to street legal speed limits.

With a last and almost desperate attempt to salvage what was an extremely expensive project in technical and advertising terms, late in 1968 Innocenti presented a version of the Lui with a displacement of 75 cc. The setting was that of the foreign shows in Cologne, Paris and Tokyo, where Innocenti was present as the sole non-Japanese constructor. The bodywork, wheels and brakes were identical to those of the 50 cc, a twin saddle was fitted, the electrical system was uprated to meet the regulations in force, the large silencer was raised and given a spring shape while the air filter had a removable paper cartridge. The gearbox boasted four speeds and the engine had a declared power output of 5 hp. Once again, two versions were offered, the S and the SL, which for the first time adopted a separate lubrication system known as the Lubematic: Innocenti's Lui 75 SL was actually the first production scooter offered with automatic oil injection as standard. The improved performance – the Lui 75 could exceed 80 kph – undoubtedly enhanced the scooter's all round desirability but it did demand even greater care and attention given the precarious handling. Despite the innovations, the Lui 75 proved to be a flop that exacerbated the Milanese manufacturer's already critical situation. The Lui 50 was dropped in the June of 1969 with the same fate being reserved for the 75 a few months later in 1970. Thus drew to an ignominious close the story of one of the most original and innovative scooters ever produced.

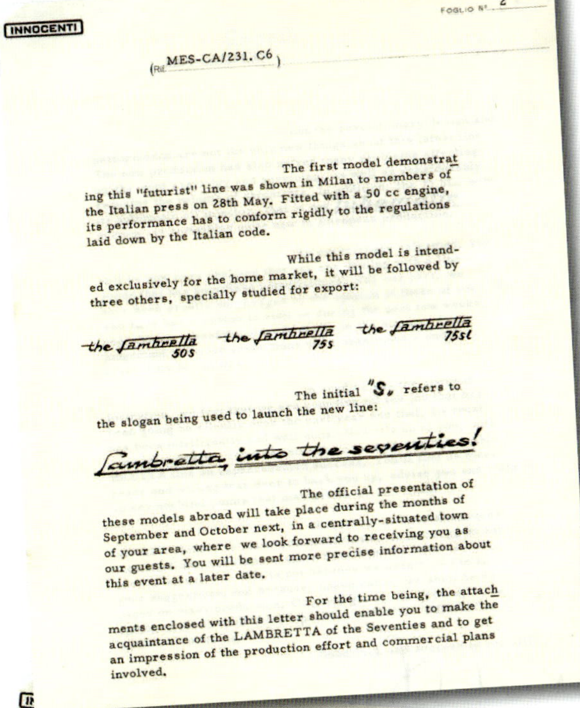

INNOCENTI

FOGLIO N° 2

(Rif. MES-CA/231. C6)

The first model demonstrating this "futurist" line was shown in Milan to members of the Italian press on 28th May. Fitted with a 50 cc engine, its performance has to conform rigidly to the regulations laid down by the Italian code.

While this model is intended exclusively for the home market, it will be followed by three others, specially studied for export:

the Lambretta 50S the Lambretta 75S the Lambretta 75SL

The initial "S" refers to the slogan being used to launch the new line:

Lambretta, into the seventies!

The official presentation of these models abroad will take place during the months of September and October next, in a centrally-situated town of your area, where we look forward to receiving you as our guests. You will be sent more precise information about this event at a later date.

For the time being, the attachments enclosed with this letter should enable you to make the acquaintance of the LAMBRETTA of the Seventies and to get an impression of the production effort and commercial plans involved.

FOGLIO N° 3

(Rif. MES-CA/231. C6)

But the revolutionary design and performance are not the only new things about this latest line. The new production has also solved many problems affecting on-the-spot assembly and servicing, as well as considerably reducing the volume of shipments. In addition, the 75 SL, with its automatic oil injector, that is our Lubematic system, is something quite new in European production.

As experienced salesmen, you will by now have realised that you are dealing with a line of goods that has boundless potentialities. For our part, we have been greatly encouraged by the opinion of those of you who have had occasion to visit us during the past few weeks, and who are therefore already partly in the picture. Your judgement and your predictions were unanimous - and unreservedly favourable.

In sending you the above information, we feel that we are rounding off the job that has been going on silently over the past year and that, we trust, has been intelligently and well done. Now it's up to you, with your imagination, courage and drive, to make the new LAMBRETTA line an unprecedented success. You'll find us more ready and willing than ever to back you up, advise you and clear up any doubtful points that may arise.

However, we have one request to make: please, to start with at any rate, do not suggest any modifications or solutions other than those we have already chosen ourselves. This is not because we aren't glad to have your suggestions, but because, unavoidably, we shall be engaged on mass production. Once we get off the ground, so to speak, then we shall be in a position to discuss different or alternative solutions.

Good luck and success to you all!

"INNOCENTI"

I prototipi

Raramente nella storia della Lambretta siamo riusciti a trovare una così ricca documentazione sullo sviluppo di un nuovo modello di scooter.
Molte di queste immagini provengono dall'archivio Innocenti, conservato presso il Museo Scooter&Lambretta di Rodano (MI), mentre altre sono state ritrovate in Inghilterra e in altri archivi privati. Questo dimostra che la Innocenti aveva spinto molto la diffusione di immagini preserie, allo scopo di creare quell'appassionante clima di attesa, che precede il lancio di un grande prodotto industriale.
Come si può osservare dalla cronologia delle foto, lo studio Bertone aveva lavorato sodo al progetto: in poco più di tre mesi si era passati da un modello in legno molto grezzo ad un manichino definitivo e già ben dettagliato. Notare che su tutti i prototipi di Bertone il carter motore è già definito mentre il suo coperchio è ancora di derivazione Junior (come d'altra parte anche le ruote). È molto probabile che in un primo tempo si fosse pensato di utilizzare parti già in produzione per ridurre i costi mentre, successivamente, si giunse alla soluzione più costosa, quella di progettare tutto ex novo.
Alla fine del 1967 il progetto era ormai completato e già a marzo del 1968 la linea di fabbricazione del Lui era stata avviata. Si può solo immaginare i salti mortali che avranno fatto i tecnici di produzione per allestire tutti i processi produttivi e preparare la catena di montaggio; un lavoro enorme, portato avanti da persone di altissima professionalità che credevano in quello che facevano con grinta ed entusiasmo.
Parlando con un responsabile di produzione, mi aveva confidato che c'erano stati diversi problemi per l'industrializzazione del Lui, in quanto il progetto di Bertone era sì molto innovativo, ma non aveva tenuto conto dei processi produttivi della grande serie. Molti particolari erano difficili da assemblare in breve tempo e molti altri avevano degli scarti di stampaggio molto alti, che incidevano considerevolmente sul costo del ciclo produttivo.

Le tre tappe principali dell'evoluzione del progetto Lui.
In alto, il primo prototipo realizzato all'interno della Innocenti, in basso, il primo studio in legno di Bertone e, sotto, particolare del frontale semi definitivo con ancora un faro standard.

The three main stages in the evolution of the Lui project. Top, the first prototype constructed in-house by Innocenti, above, the first Bertone mock-up in wood and rigth, a detail of the front end, almost definitive but still featuring a standard headlight.

The prototypes

Due viste del quarto prototipo con la carrozzeria praticamente definita, nelle due versioni C-CL; la ruota anteriore è ancora quella della serie Junior.

Two views of the fourth prototype with the bodywork practically defined, in the two C and CL versions; the front wheel is still that of the Junior series.

Rarely in the history of the Lambretta have we succeeded in finding such a wealth of documentation regarding the development of a new scooter.
Many of these photos come from the Innocenti archive, conserved at the Scooter&Lambretta Museum in Rodano (Milan), Italy, while others have been found in Britain and in other private archives. This shows that Innocenti invested heavily on the distribution of pre-production images in order to create that febrile climate of expectation that precedes the launch of a major industrial product.
As can be seen from the chronology of the photos, the Bertone studio worked intensively on the project: in little more than three months it moved on from a very rough wooden model to a definitive and well-detailed styling buck.
Note that on all the Bertone prototypes, the engine crankcase was already well defined while its cover was still derived from that of the Junior (as were the wheels in fact). It is very probable that initially parts already in production were considered in order to reduce costs with the decision to go with an all-new design taken at a later date.
The project was complete by the end of 1967 and by the March of 1968 the Lui production line was already up and running. We can only imagine the difficulties the engineers had to overcome to set up all the production processes and prepare the assembly line; a massive undertaken performed by people of the greatest professionalism who brought belief, determination and enthusiasm to what they did.
Talking to a production engineer, he confided to me that there were a number of problematic aspects to the industrialization of the Lui because Bertone's design was very innovative but tthe designers had failed to taken into account the requirements of mass production. Many details were difficult to assemble rapidly and many others had entailed high levels of pressing waste that had a significant bearing on the cost of the production cycle.

Il primo prototipo si caratterizzava per una linea molto spartana e minimalista; più che un simpatico scooter per i ragazzi quattordicenni sembrava quasi un motoveicolo commerciale da trasporto. Per ridurre i costi di produzione furono adottati molti particolari di serie come il gruppo manubrio/faro e il fanalino posteriore.

The first prototype was characterised by stark, minimalist lines; rather than a fun scooter for 14-year-olds it was more akin to a commercial light transport vehicle. In order to reduce production costs numerous standard components were adopted, including the handlebar/headlight assembly and the rear light.

Si noti la mancanza della marmitta di scarico, l'assenza dei cavi di comando al motore e delle viti al carter, segni evidenti che si trattava ancora di un manichino non funzionante. La leva di avviamento è forse l'unico particolare che sarà utilizzato sul Lui definitivo.

Note the lack of an exhaust silencer, the engine control cables and the crankcase screws, unmistakeable evidence that this was still a static mock-up. The starting lever was perhaps the only detail that was to be used on the definitive Lui.

Queste sono le prime immagini del lavoro di Bertone per ridisegnare la carrozzeria del Lui. Si trattava di un manichino in misto legno ancora molto grezzo e poco realistico. Curiosa la forma del manubrio che non ha nessun legame con le innovative linee della carrozzeria. Probabilmente serviva solo per una prova ergonomica della posizione di guida.

These are the first images of Bertone's work on the redesign of the Lui's bodywork. A mock-up in various woods, still very rough and rather unrealistic. The shape of the handlebar is curious and has nothing in common with the innovative lines of the bodywork. It probably only served to test the ergonomics of the riding position.

Già dal primo studio, la parte anteriore è ben definita rispetto alla posteriore, che verrà ampiamente ridimensionata.
Si noti l'originale sagoma a punta della testa della forcella, che poi non verrà adottata sul modello definitivo.
Particolarmente originale era anche lo studio per la posizione del fanalino posteriore, che però non poteva prevedere il montaggio di una targa di circolazione.

From the first study, the front end was well defined with respect to the rear that was to be reshaped significantly.
Note the original pointed shape of the fork yoke that was not to be adopted on the production model.
The positioning of the rear light was also particularly original but did not allow for the mounting of a number plate.

Finalmente si arriva al primo modello realizzato in metallo, che già definiva le linee guida principali della versione finale. In questo studio alcuni particolari sono stati presi dal primo prototipo, come il gruppo manubrio/faro e l'originale presa d'aria conica del carburatore. Nella parte posteriore era già previsto un paraspruzzi, ricavato nello stesso stampo del parafango.

Finally the project reached the stage of the first version in metal that defined the principal lines of the production model.
In this study, a number of details were taken from the first prototype, including the handlebar/headlight assembly and the original conical carburettor air intake. At the rear, a spray guard was incorporated into the mudguard pressing.

Particolarmente interessante era il coperchio del carter motore, di forma squadrata e praticamente definitiva. Notare che sul quarto prototipo era invece montato il coperchio arrotondato della serie Junior. Veniva ancora proposta la sella singola che, fortunatamente, sarà in seguito abbandonata in favore di una più elegante sella lunga.

The crankcase cover is particularly interesting and its square-cut shape was practically definitive. Note that the fourth prototype was instead fitted with the rounded cover of the Junior series. The single saddle continued to be fitted, but fortunately it was later to be abandoned in favour of a more elegant long saddle.

Con il quarto prototipo, datato 28/09/1967, furono definiti tutti i dettagli estetici della carrozzeria, dalla sella al manubrio, dal faro anteriore sino al colore. Qui è raffigurata la versione economica C, caratterizzata dal manubrio in ferro cromato. Il fanalino posteriore era ancora di serie e non definitivo.

With the fourth prototype dated 28 September 1967, all the styling details of the bodywork were defined, from the saddle to the handlebar, from the headlight to the colours. This is the economical C version, characterised by the chromed steel handlebar. The rear light was still a stock component and not yet definitive.

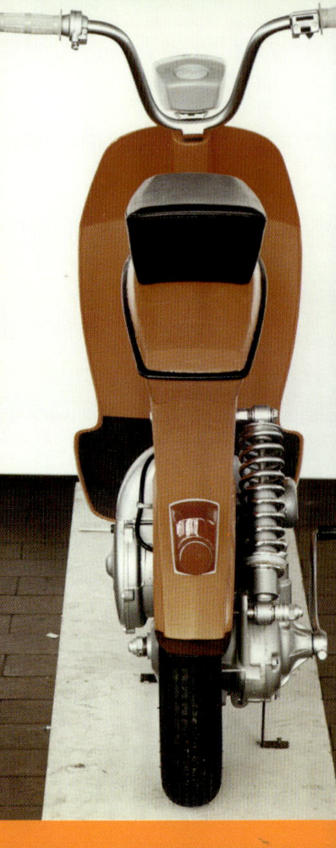

In questo esemplare il coperchio motore era ancora di sagoma arrotondata, di derivazione Junior, e il coperchio del filtro aria era di tipo commerciale. Anche le ruote e i mozzi non erano ancora quelli di forma definitiva, ma derivavano sempre dalla serie Junior.

In this example the engine casing was still of a rounded shape, derived from that of the Junior, while the air filter cover was a stock component. The wheels and hubs were also derived from the Junior series and not yet definitive.

Di qualche giorno più tardi, precisamente del 12/10/1967, sono questi scatti della versione lusso CL.
Dalla posizione della valvola della ruota anteriore, sembrerebbe che si tratti del modello C, fotografato qualche giorno prima, con l'aggiornamento del gruppo manubrio/faro.
In effetti, dalla foto di lato, si nota che il manubrio è posizionato in maniera molto approssimativa, segno di un adattamento provvisorio per scattare le immagini di presentazione.

A few days later, on 12 October 1967 to be precise, these photos were taken of the more luxurious CL version.
From the position of the front wheel valve, this would seem to be the C model, photographed some days earlier, with the updating of the handlebar/headlight assembly.
In the side view, in fact, we can see that the handlebar is positioned very roughly, evidence of a provisional adaptation to permit the taking of photographs for the presentation.

Con la versione CL Bertone realizza uno dei suoi più preziosi capolavori stilistici in campo motoristico: è il gruppo faro/manubrio, ancora oggi oggetto di culto da parte di tutti i collezionisti del mondo.
Questa opera d'arte è il particolare più identificativo del nuovo scooter della Innocenti e sicuramente anche il più bello di tutta la produzione Lambretta.
Si noti ancora la mancanza della marmitta, che probabilmente aveva bisogno di un ulteriore sviluppo tecnico dei volumi di scarico.

With the CL version Bertone created one of his greatest stylistic masterpieces in the automotive sector: the headlight/handlebar assembly is still a cult object for collectors throughout the world.
This work of art was the distinguishing feature of the new Innocenti scooter and without doubt the most attractive in the whole Lambretta range.
Note also the lack of a silencer, which probably required further technical development with regard to the exhaust volumes.

50 C

La versione economica del CL viene presentata in contemporanea al modello più lussuoso. Per contenere il prezzo di vendita si interviene sulle due parti più costose del progetto Lui: il gruppo manubrio-faro e il fanalino posteriore.

Per semplificare questi due particolari si decide di adottare un semplice manubrio in ferro, di chiara derivazione ciclomotoristica, e dei gruppi ottici di foggia modesta senza cromature.

Bisogna però sottolineare che i gruppi ottici anteriore e posteriore sono comunque un progetto specifico e non un adattamento di ricambi standard già presenti sul mercato. Sarebbe stato più economico montare dei fari commerciali (tipo CEV) e ridurre ulteriormente il prezzo di vendita invece di ostinarsi a fare dei costosi progetti per un modello così economico...

E, in effetti, il prezzo di vendita di 89.500 lire non è certo allettante rispetto al CL, commercializzato a 95.000 lire, solo il 6% in più che vale sicuramente la pena di spendere per avere un mezzo molto più bello ed elegante.

Inoltre il solo colore disponibile, il bianco, non è sicuramente la tinta entusiasmante che avrebbe dovuto emozionare i giovani quattordicenni.

Il Lui 50 C è stato il modello più sfortunato della serie: la maggior parte degli esemplari prodotti sono stati destinati quali omaggi o premi in concorsi e fiere di ogni genere; in pratica sono stati realmente venduti solo pochissimi pezzi.

Purtroppo non si è a conoscenza del reale numero di unità prodotte perché negli archivi Innocenti il Lui 50 C è associato al CL e non ci sono distinzioni di produzione. Pochissimi 50 C sono stati commercializzati al di fuori dell'Italia e, durante la loro breve produzione, non ci sono modifiche sostanziali da segnalare.

Alcuni dipendenti della Innocenti posano orgogliosi davanti alla loro nuova creatura, realizzata con maestria dalla nostra insuperabile genialità italiana!

50 C

A number of Innocenti employees pose proudly in front of their new creature, realised with the unbeatable Italian creativity!

Innocenti presented the economical version of the CL at the same time as the more luxurious model.
In order to reduce the sale price, the firm made modifications to the two most expensive parts of the Lui design: the handlebar-headlight assembly and the rear light.
In order to simplify these two components it was decided to adopt a simple steel handlebar, of clear motorcycling derivation, and two modest lighting units with no chrome.
However, it should be emphasised that the front and rear lights were still dedicated designs rather than adaptations of standard parts already available on the market.
It would have been possible to fit commercial lights (CEV units for example) and further reduce the retail price instead of stubbornly insisting on expensive designs for such an economical model.
The final retail price of 89,500 Lire was consequently nowhere near as attractive as that of the CL, sold at 95,000 Lire, a difference of just 6% that was without doubt worth spending for a much more desirable and elegant scooter.
Moreover, the only colour available was white, hardly the livery to capture the imagination of the 14-year-old target clientele.
The Lui 50 C was the least successful model in the range; most of the examples produced were destined to be given away as prizes in competitions and events of all kinds and very few were actually sold.
Unfortunately, we do not know the true number of examples produced as the Lui 50 L is associated with the CL in the Innocenti archives and there are no distinctions between the two models.
Very few 50 Cs were sold outside Italy and during its brief production run no modifications of note were introduced.

Nella vista da tre quarti posteriore si può notare il fanalino in plastica nera prodotto dalla Aprilia su specifico disegno Innocenti. È uno dei particolari più rari del Lui C e oggi, sul mercato collezionistico, può raggiungere cifre spropositate rispetto al valore reale dello scooter completo.

The rear three-quarters shows the black plastic rear light unit produced by Aprilia to Innocenti designs. This is one of the rarest Lui C details and on the collectors' market today can fetch astronomical figures compared with the true value of the complete scooter.

Disegno costruttivo di un altro particolare rarissimo che spesso manca sul Lui C: è il pulsante claxon, che in origine era applicato sul supporto della leva freno anteriore.

A drawing of another very rare detail that is frequently missing on the Lui C: the horn button originally fitted to the front brake lever support.

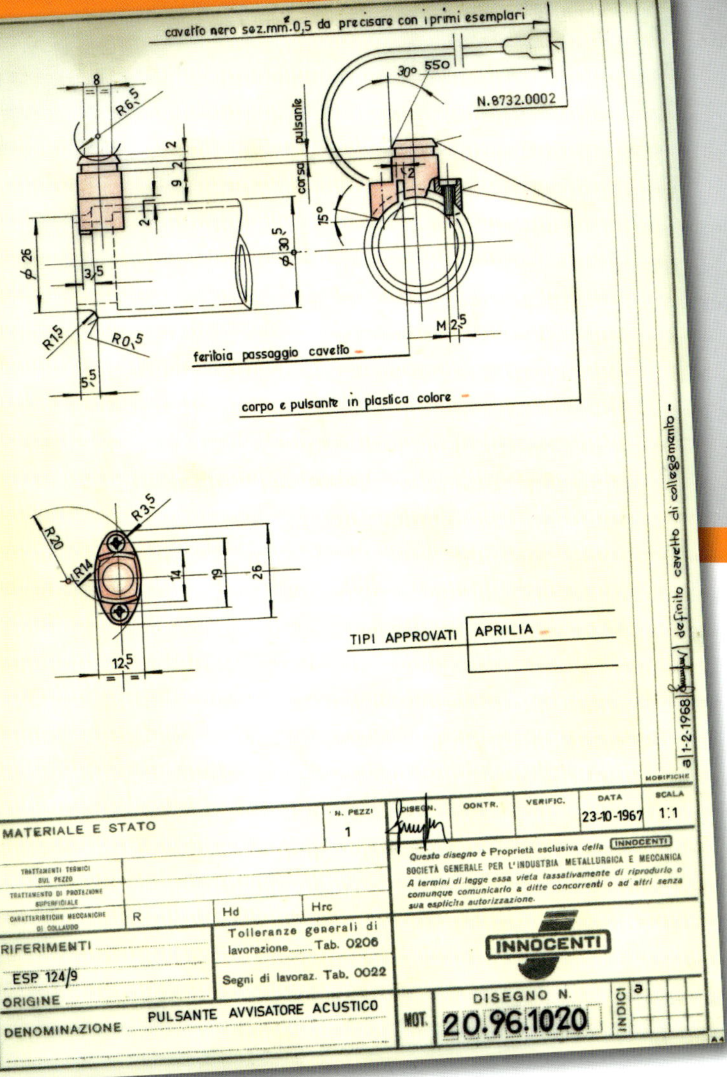

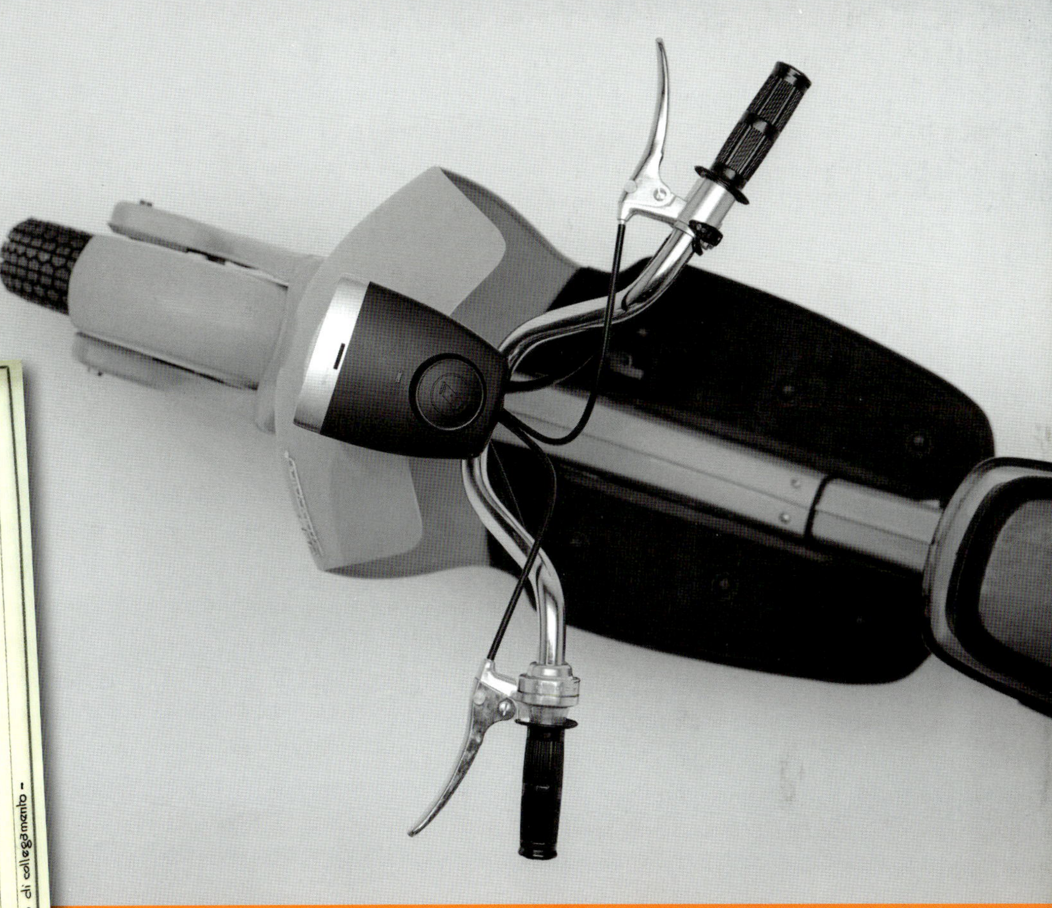

Nella vista dall'alto si possono apprezzare i comandi in alluminio lucidato che caratterizzano la versione economica. Purtroppo sono molto delicati e spesso venivano sostituiti con altri di fattura commerciale, principalmente "Domino". L'interruttore luci era posizionato dietro il foro contachilometri, mentre il pulsante di spegnimento era collocato nella parte inferiore del corpo faro.

The overhead view reveals the polished aluminium controls that characterised the economical version. Unfortunately, they were very delicate and were often replaced with other stock components, usually of the Domino brand. The light switch was positioned behind the speedometer hole, while the off button was located in the lower part of the light body.

In queste immagini a colori il Lui C viene presentato nella veste arancione tipica del CL. Normalmente il C era commercializzato solo nel colore bianco, però è possibile che per certi mercati stranieri potesse essere venduto anche nella colorazione arancione.

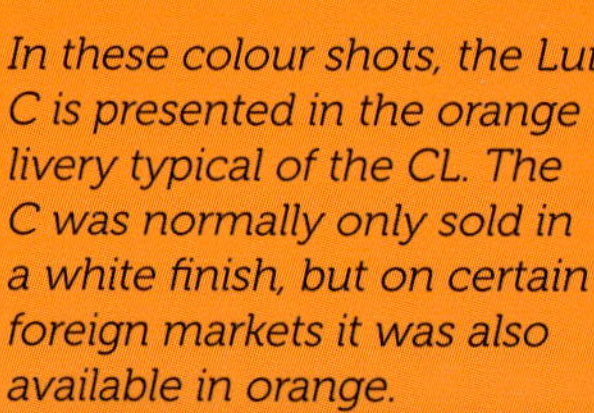

In these colour shots, the Lui C is presented in the orange livery typical of the CL. The C was normally only sold in a white finish, but on certain foreign markets it was also available in orange.

L'esemplare fotografato è ancora un modello preserie; si noti sul frontale la scritta 50 C di forma più squadrata rispetto a quella che sarà utilizzata per la produzione. Dietro la sella si vede chiaramente il gancio di sblocco, protetto da un piccolo cappuccio in plastica nera che molto spesso è mancante anche nei restauri più accurati. Non dimenticatevi di montarlo!

The example photographed is still a pre-production model; note the more angular 50 C badging on the front compared with that used subsequently. Behind the saddle we can clearly see the clasp protected by a black plastic hood this frequently missing in even the most painstaking restorations. Do not forget to fit it!

50 CL

È certamente il modello più conosciuto e diffuso su tutto il territorio europeo: il 50 CL è il Lui più rappresentativo perché destinato ai quattordicenni che, per la prima volta, potevano guidare uno scooter.
Si può immaginare quanta emozione doveva destare l'arrivo in famiglia del nuovo Lui, l'importante passaggio dalla bicicletta al ciclomotore, la possibilità di viaggiare in autonomia per conoscere nuove mete e simbolo di libertà: negli anni Sessanta e Settanta il ciclomotore è stato il regalo più desiderato dai quattordicenni, un oggetto assolutamente indispensabile per stare nel gruppo ed essere alla moda.
Il Lui 50 era nato per questo: uno scooter giovane per i giovani, tutti per Lui, Lui per tutti!
La versione CL è quella più lussuosa e completa, dotata di raffinatezze stilistiche degne di un veicolo di alta gamma.
I fanali sono un esercizio di stile incredibile: quello anteriore a forma esagonale schiacciata è realizzato con una complessa fusione in alluminio che incorpora anche la base del manubrio mentre il posteriore sembra il faro di una lussuosa macchina americana, tutto cromato a due piani.
Notevole anche il manubrio in fusione di alluminio, che riprende il tipico stile avveniristico degli aeroplani.
Le prestazioni sono ovviamente limitate dal Codice della Strada: 1,5 CV la potenza ammessa e 40 km/h la velocità massima; la versione Luna, destinata ai Paesi esteri, ha prestazioni differenti a seconda dello Stato in cui è commercializzata.
Presentato nella primavera del 1968, il Lui CL è offerto in tre diverse colorazioni: arancio, la più diffusa, verde mela e turchese, forse la meno apprezzata.
Gli accessori disponibili per questo modello, prodotti dalla Innocenti, sono veramente pochi: il tachimetro con scala a 60 km/h e il portapacchi posteriore in lamiera che riprende il tema stilistico del manubrio.
In Italia il prezzo di vendita del Lui CL è di 95.000 lire, valore molto contenuto se confrontato con i suoi diretti concorrenti: 107.000 lire per la Vespa 50 e 112.500 lire per il Gilera 50. Un costo decisamente allettante che però non è bastato a decretarne il meritato successo.
La produzione totale del Lui 50 CL e C sarà di sole 27.812 unità, troppo poche per risollevare le sorti della Innocenti.
Durante la sua breve vita il Lui CL riceve alcune miglioramenti tecnici ed estetici. I più significativi sono sullo scudo lo stemma "Lui" al posto della scritta "Lambretta", sul manubrio le leve con la sfera di sicurezza e nel motore la riduzione del carico della molla del cambio per addolcire il comando al manubrio.

50 CL

The 50 CL was without doubt the best-known and most widely distributed version of the Lui in Europe and was designed for 14-year-olds who could ride a scooter for the first time.

It is easy to imagine the thrill of the arrival in a family of the new Lui, marking the important passage from a bicycle to a motor scooter and all that implied in terms of independent travel to new and more distant destinations and therefore as a symbol of freedom.

In the Sixties and Seventies a moped was the most sought-after gift among 14-year-olds, an absolutely essential object of desire that confirmed their social status and fashion sense.

The Lui 50 was created for this particular niche: a young scooter for the young, all for Lui, Lui for all!

The CL version was the most luxurious and complete, boasting sophisticated styling worthy of a high-end vehicle.

The lighting units were an incredible exercise in style, the one at the front a complex flattened hexagon-shaped aluminium casting that also incorporated the base of the handlebar, while the rear light with its chromed split-level design could have been taken from a luxurious American car.

The handlebar cast in aluminium was also notable, referencing futuristic aircraft styling.

Performance was of course restricted according to the highway code: 1.5 hp and 40 kph; the performance of the Luna version destined for foreign markets varied according to the country in which it was sold.

Presented in the spring of 1968, the Lui CL was offered in three different colours: Arancio (Orange), the most common, Verde Mela (Apple Green) and Turchese (Turquoise), perhaps the least popular.

The accessories available for this model, produced by Innocenti, were few and far between: a 60 kph speedometer and a rear luggage rack in sheet metal that reprised the styling motif of the handlebar.

In Italy, the Lui CL was sold at just 95,000 Lire, a very modest price when compared with its direct rivals: Vespa 50 L.107,000 and Gilera 50 L.112,500. While the price was attractive, it was not sufficient to guarantee deserved success for the scooter.

A total of just 27,812 examples of the Lui 50 CL and C were produced, too few to reverse Innocenti's fortunes.

During its brief career the Lui CL received a number of technical and styling updates; the most important were the Lui badge in place of the Lambretta script, handlebar levers with safer ball ends and a reduced rate gearshift spring to soften the handlebar control.

Il blocco motore del Lui CL: in evidenza il coperchio del filtro di forma squadrata. È molto importante perché era specifico del Lui. Spesso si vedono modelli restaurati con il coperchio standard della Dell'Orto ed è un peccato perché il coperchio originale segue le forme del carter ed è un altro segno distintivo di questo scooter speciale.

The engine assembly of the Lui CL: to the fore the angular filter box. This is a very important detail as it was specific to the Lui. We frequently see restored exampled with the standard Dell'Orto cover which is a pity as the original cover is shaped to the crankcase and is another distinguishing feature of this special scooter.

Nella vista frontale di questo modello preserie si possono vedere le famose manopole quadrate che, nell'intenzione del designer, dovevano seguire lo stile futuristico del Lui. Fortunatamente, all'ultimo momento, saranno cambiate con più tradizionali manopole tonde, di certo più ergonomiche di quelle quadrate.

In the front view of this pre-production model we can see the famous faceted grips that in the intention of the designer were to have echoed the futuristic styling of the Lui. Fortunately, at the last moment they were replaced with traditional round grips, certainly more ergonomic than the angular versions.

Vista laterale del Lui preserie con la scritta 50 CL di forma squadrata e le manopole quadrate. Il fanalino posteriore è ancora verniciato di grigio e non cromato. La sella lunga era opzionale per alcuni mercati stranieri che consentivano la guida in due sui cicolomotori.

A side view of the pre-production Lui with the angular 50 CL badging and the faceted grips. The rear light is still painted grey rather than being chromed. The long saddle was optional for some foreign markets that allowed moped to be ridden two-up.

La maggior parte di immagini del Lui 50 CL si riferiscono al modello preserie, in quanto il fotografo Roberto Zabban aveva realizzato una sequenza completa di scatti nelle varie viste e quindi non si è ritenuto opportuno farne degli altri con il modello di serie, che comunque differiva per particolari poco evidenti.
Nel 1969 il fotografo ufficiale diventa lo studio Crabb, che effettua diversi scatti del Lui 75, ma non si è a conoscenza di foto aggiornate del 50 C-CL.

Most of the photos of the Lui 50 CL portray the pre-production model as the photographer Roberto Zabban had put together a complete series of shots from the various angles and it was felt to be superfluous to take others of the production version that differed only in terms of minor details.
In 1969, the Crabb studio took over official photography duties and took various shots of the Lui 75, but we are unaware of any updated photos of the 50 C-CL.

50 S

Per alcuni mercati esteri il Lui 50 CL viene commercializzato con un allestimento speciale simile al 75 S: questa versione viene chiamata 50 S come sigla di modello, ma più comunemente Luna (in alcuni casi).

Le modifiche di base più appariscenti sono la marmitta di stile motociclistico, simile al 75 ma costruita in un sol pezzo (ossia senza il collettore iniziale in ghisa) e l'impianto elettrico derivato dal 75 con il faro maggiorato e il volano più potente.

Tecnicamente sono offerti due modelli di motore, un "Lento" e un "Veloce" che si differenziano per la potenza erogata: 1,5 CV per il Lento e 2,4 CV per il Veloce.

Anche il tachimetro varia a seconda della versione: fondo scala a 60 km/h per il Lento e 80 km/h per il Veloce.

In effetti il 50 S non è uguale per tutti i Paesi dove veniva venduto, perché in ogni Stato vigevano regole diverse e quindi diversi allestimenti in base alle specifiche richieste.

I colori della carrozzeria riprendono quelli di serie del modello 50 CL, senza ulteriori aggiunte.

Per conoscere meglio le modifiche specifiche di ogni Paese si rimanda al capitolo "Lui nel mondo" dove sono descritte tutte le varianti prodotte.

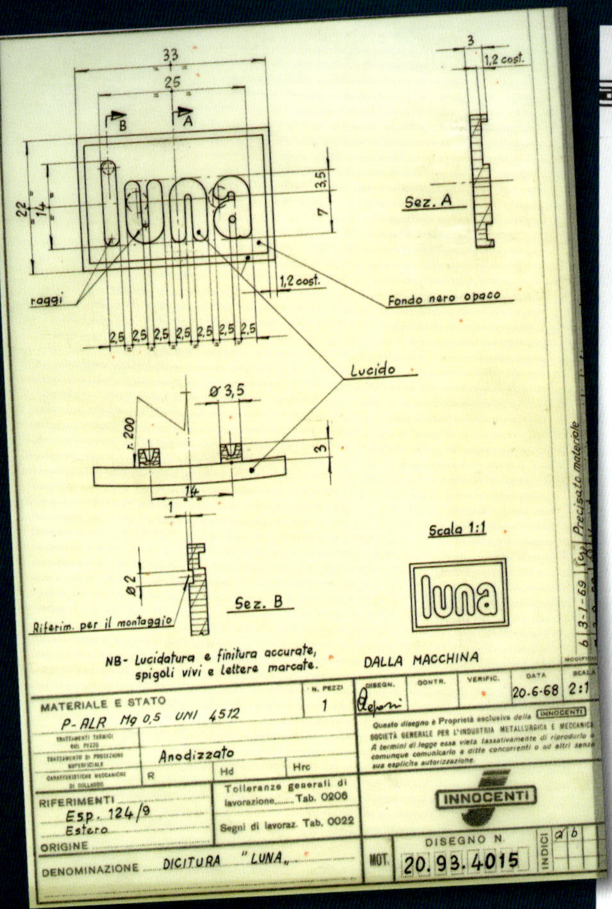

La versione 50 S o Luna viene proposta in diverse varianti a seconda dello Stato di destinazione. Quella raffigurata è la classica 50 S con la sella lunga, il portatarga del 75 e la marmitta del 50. Si tratta di una preserie perché il portatarga è ancora verniciato in tinta con la carrozzeria, mentre nella produzione normale sarà sempre nero opaco.

The 50 S or Luna version was offered in diverse variants depending on their destination market. The one depicted is the classic 50 S with the long saddle, the number plate holder from the 75 and the silencer from the 50. This was a pre-production example with the number plate holder still body-coloured, while on the definitive version it was always matt black.

50 S

La curva di potenza del motore del 50 S evidenzia un livello più alto rispetto agli standard 1,5 CV del modello destinato al mercato italiano. Questo incremento era ottenuto con una diversa conformazione del collettore di aspirazione e del gruppo carburatore/filtro.

The power curve of the 50 S model highlights a greater output than the standard 1.5 hp of the model destined for the Italian market. This increment was achieved through a different intake manifold and carburettor/filter configuration.

On a number of foreign markets Innocenti sold the Lui 50 CL in a special configuration similar to that of the 75 S: this model was designated as the 50 S but more commonly known as the Luna (in certain cases).
The most obvious basic modifications concerned the motorcycle-style exhaust, similar to that of the 75 but constructed in a single piece (without the cast iron header) and the electrical system derived from the 75 with the uprated headlight and the more powerful flywheel.
Two different types of engine were offered, a "Lento" or slow and a "Veloce" or fast, which differed in terms of their power outputs: 1.5 hp for the Lento and 2.4 for the Veloce.
The speedometer also varied according to the version: 60 kph for the Lento and 80 kph for the Veloce.
The 50 S was not quite identical in every country in which it was sold as each state had its own rules and regulations and the different versions were prepared to meet the various legislative requirements.
The paintwork options were identical to those to of the 50 CL model.
For further information about the specific modifications for the various markets, please see the "Lui around the world" chapter with its descriptions of all the variants produced.

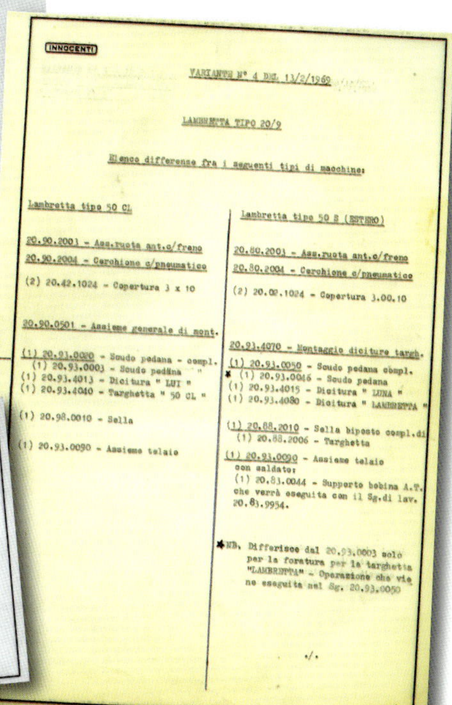

INNOCENTI

VARIANTE N° 4 DEL 13/2/1969

LAMBRETTA TIPO 20/9

Elenco differenze fra i seguenti tipi di macchine:

Lambretta tipo 50 CL	Lambretta tipo 50 S (ESTERO)
20.90.2003 - Ass.ruota ant.c/freno	20.80.2003 - Ass.ruota ant.c/freno
20.90.2004 - Cerchione c/pneumatico	20.80.2004 - Cerchione c/pneumatico
(2) 20.42.1024 - Copertura 3 x 10	(2) 20.02.1024 - Copertura 3.00.10
20.90.0501 - Assieme generale di mont.	20.93.4070 - Montaggio diciture targh.
(1) 20.93.0020 - Scudo pedana - compl.	(1) 20.93.0050 - Scudo pedana compl.
(1) 20.93.0003 - Scudo pedana "	* (1) 20.93.0046 - Scudo pedana
(1) 20.93.4013 - Dicitura " LUI "	(1) 20.93.4015 - Dicitura " LUNA "
(1) 20.93.4040 - Targhetta " 50 CL "	(1) 20.93.4080 - Dicitura " LAMBRETTA "
(1) 20.98.0010 - Sella	(1) 20.88.2010 - Sella biposto compl.di (1) 20.88.2006 - Targhetta
(1) 20.93.0090 - Assieme telaio	(1) 20.93.0090 - Assieme telaio con saldato: (1) 20.83.0044 - Supporto bobina A.T. che verrà eseguita con il Sg.di lav. 20.83.9954.

*NB. Differisce dal 20.93.0003 solo per la foratura per la targhetta "LAMBRETTA" - Operazione che viene eseguita nel Sg. 20.93.0050

./.

LAMBRETTA TIPO 20/9 A.............

DA MOP/PRG
MV/40.991
1/3/1969

ELENCO DIFFERENZE FRA I TIPI "LAMBRETTA 50 CL" - "LAMBRETTA 50 S"(ESTERO)

In allegato Vi trasmettiamo la variante n° 4 del 13/2/1969, riguardante l'elenco differenze relativo alla macchina emarginata, che annulla e sostituisce il precedente già in Vostre mani.

MOP/PRG

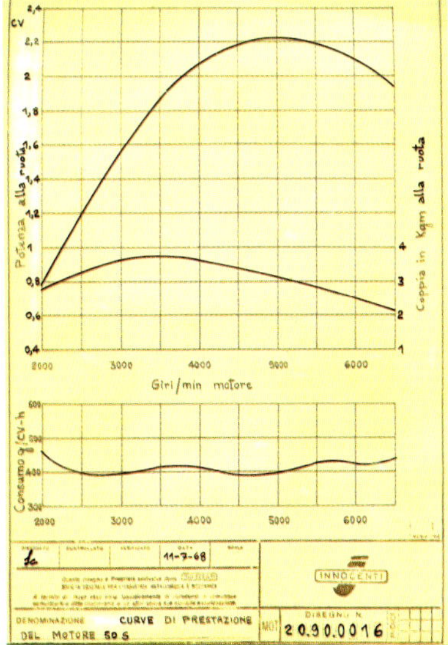

75 S

Destinato prevalentemente ai mercati esteri, il modello di 75 cc è presentato in forma ufficiale insieme al 50 cc, per poi iniziare la produzione qualche mese dopo e più precisamente nell'agosto del 1968.

Perché "S"? Perché il Lui è lo scooter degli anni Settanta e "S" sta per Settanta.

Il particolare estetico più significativo del 75 è la voluminosa marmitta, stile moto da cross, che fa bella mostra sulla parte sinistra del veicolo: un particolare che accende il desiderio di molti ragazzini che ambiscono a montarlo sul 50 cc per dargli quell'aspetto di motocicletta sportiva, tanto in voga i quegli anni.

Il motore, simile al 50, è di fatto completamente diverso: il carter è più largo per poter ospitare il nuovo cambio a 4 marce, l'albero motore è rinforzato e il volano appesantito per migliorare l'elasticità di marcia. Le prestazioni sono ora di tutto rispetto e si può viaggiare in due alla bella velocità di 80 Km/h con una buona riserva di potenza per correre in piena sicurezza.

La lunga sella si rivela molto confortevole e soffice, perfetta per i lunghi viaggi, mentre l'appoggio dei piedi per il passeggero è un po' sacrificato; per risolvere il problema, in una fase successiva verranno adottati poggiapiedi di stile motociclistico.

Il faro anteriore è più potente rispetto al 50, monta una lampadina biluce 25/25 W e una di posizione da 5 W. Per il posteriore viene adottato un faro standard da moto (caso raro nella tradizionale produzione Innocenti) prodotto dalla CEV per diversi modelli di marche italiane.

All'estero viene commercializzato con il nome di Vega e, sostanzialmente, rimane uguale a quello venduto in Italia.

La modifica più interessante è l'adozione delle frecce per alcuni mercati stranieri, come d'altra parte vengono montate anche sulle Lambretta LI-SX-DL su specifiche richieste.

I colori tradizionalmente disponibili sono: Giallo Ocra 1968, Grigio Metallizzato e Rosso 1968. L'Oro Metallizzato Chiaro è un ulteriore colore pubblicato nel catalogo ufficiale Innocenti, ma realmente poco usato.

In Italia il 75 S era venduto alla modesta cifra di 115.00 lire quando il suo più vicino concorrente, il Ducati Brio 100, era offerto a 123.000 lire.

La sua produzione dura dall'agosto del 1968 al dicembre del 1970 con un totale di 7.335 unità prodotte, troppo poche per ambire a quel grande successo commerciale che la Innocenti sperava di ottenere con questo modello rivoluzionario.

Due viste del Lui 75 S; si tratta di una preserie perché ha il portatarga verniciato nel colore della carrozzeria. Nella produzione di serie sarà colorato in nero opaco.

Two views of the Lui 75 S; this is a pre-production example with the body-coloured number plate holder. This component was finished in matt black on the definitive version.

75 S

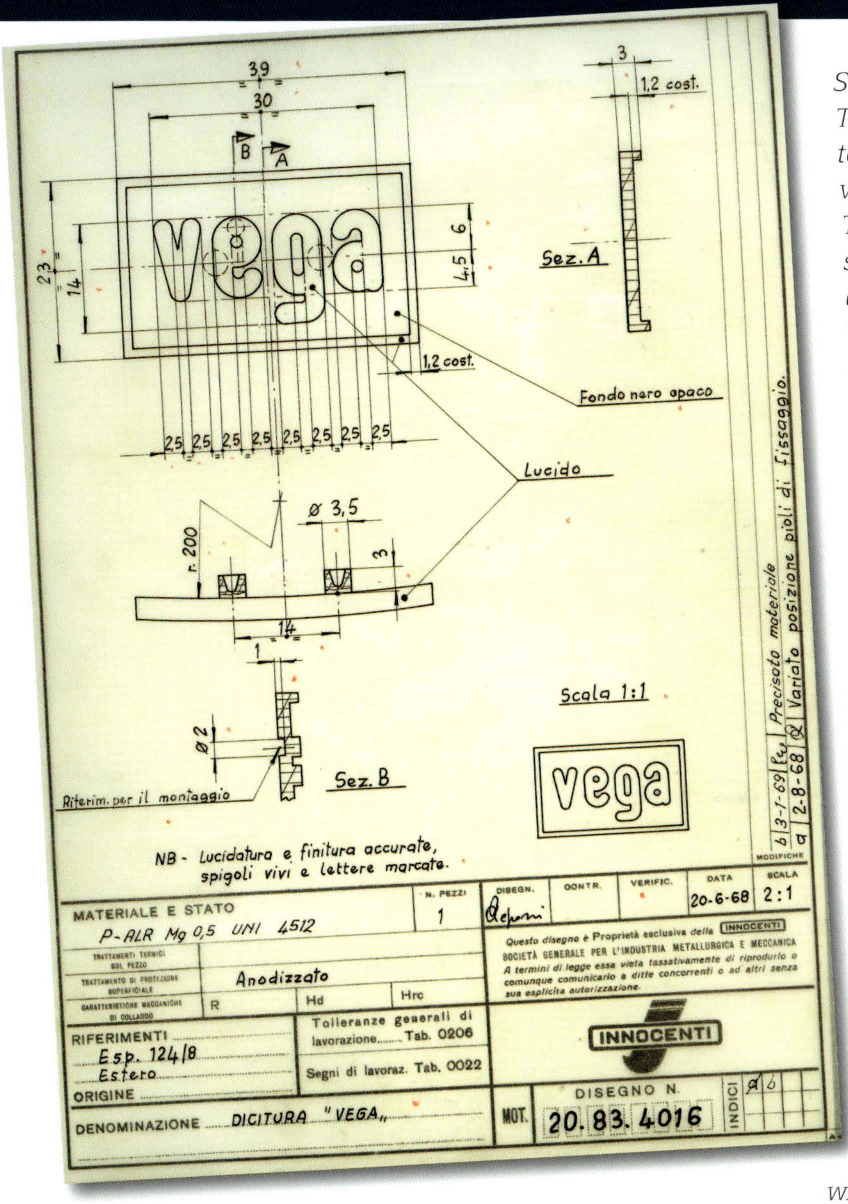

Destined prevalently for the foreign markets, the 75 cc model was officially launched together with the 50, but production did not get underway until a few months later, in the August of 1968.

Why the "S"? Because the Lui was the scooter of the Seventies and that "S" stood for Seventy.

The most eye-catching aspect of the 75 was the voluminous motocross-style exhaust that cut a fine figure on the left-hand side of the vehicle.

This was the Lui's sportiest detail and for many young people represented the most sought-after accessory to fit to the 50 to give that aggressive appearance that was so fashionable in those years.

While similar to that of the 50, the engine did present a number different features: the crankcase was larger so as to be able to house the new four-speed gearbox, the crankshaft was reinforced and the flywheel was uprated to improve the flexibility of the engine.

Performance was now very respectable and the scooter had a sufficient reserve of power to run safely two-up at 80 kph.

The long saddle proved to be very soft and comfortable, perfect for long trips, while the passenger's footrest was somewhat sacrificed. Motorcycle-style footpegs were adopted at a later date to resolve the problem.

The headlight was more powerful than that of the 50; it was fitted with a 25/25 W dipping bulb and a 5 W running light. At the rear a standard motorcycle lamp was fitted (a rarity in the Innocenti range), produced by CEV for a number of Italian marques.

On foreign markets the model was sold under the Vega name, but was in substance identical to the Italian version.

The most interesting modification was the adoption of indicators for certain foreign markets, as also available as optional extras on the Lambretta LI-SX-DLs.

The following colours were offered: Giallo Ocra (Yellow Ochre) 1968, Grigio Metallizzato (Metallic Grey) and Rosso (Red) 1968. Oro Metallizzato Chiaro (Light Metallic Gold) was a further colour published in the official Innocenti catalogue but rarely used.

In Italy, the 75 S was sold at the modest price of 115,000 Lire, with its closest rival, the Ducati Brio 100, offered at 123,000 Lire.

The model was produced from August 1968 through to the December of 1970 for a total of 7,335 examples, too few for the kind of commercial success that Innocenti was hoping to achieve with this revolutionary model.

Il logo Vega nel disegno originale Innocenti. Nel riquadro "riferimenti" è specificata la destinazione estero per la targhetta e il numero del progetto Lui 75 Esp. 124/8.

The Vega logo in the original Innocenti drawing. The "riferimenti" box specifies the export market destination for the badge and the Lui 75 Esp project number. 124/8.

Vista lato sinistro del Lui 75 S nella sua veste definitiva. Il logo Lambretta scompare dallo scudo per essere posizionato dietro il corpo fanale anteriore. Sulla ruota anteriore è montato il rinvio conta chilometri, che è di serie con scala 100 km/h. Si noti la finitura della marmitta, con il corpo principale cromato lucido e il supporto grigliato satinato opaco. La griglia antiscottature è sempre verniciata in nero opaco.

A left-hand side view of the definitive version of the Lui 75 S. The Lambretta logo was moved from the leg shield to behind the headlight unit. The drive for the standard speedometer with a 100 kph scale was fitted to the front wheel. Note the finish of the silencer, with the main body in polished chrome and the satin-matt slotted support. The heat protection grille was always finished in matt black.

Nella vista posteriore si può apprezzare la compattezza del motore e dei suoi organi accessori, marmitta e scatola filtro. Il terminale della marmitta con la piastrina smontabile certifica che si tratta di un modello di seconda produzione, in quanto la prima adottava uno scarico non ispezionabile.

The rear view shows the compactness of the engine and it accessories, the exhaust and the filter box. The silencer with the removable plate that identifies this example as a second series model, the first having a non-accessible exhaust.

Grafico della curva di potenza del 75. Si tratta di una curva molto lineare con una discreta coppia già a bassi regimi. La potenza massima di 5 CV permetteva al Lui di raggiungere comodamente la velocità massima di 80 km/h.

The power curve of the 75. The graph shows the very linear output with reasonable torque even at low revs. The maximum power output of 5 hp permitted the Lui to comfortably reach a maximum speed of 80 kph.

75 SL

È sicuramente il modello più tecnologico della serie Lui, quello tecnicamente più avanzato e moderno perché monta il miscelatore automatico della benzina con l'olio, denominato "Lubematic".

Non era certo la prima volta che un motoveicolo montava questo utile accessorio: già prima del 1940 la Villiers utilizzava un sistema a depressione per introdurre l'olio nel manovellismo dei suoi famosi motori a due tempi. Comunque è una importante primizia sugli scooter italiani e tale rimarrà nella storia.

Con questo sistema automatico non è più necessario farsi la miscela benzina/olio perché il sistema a pompa meccanica inietta direttamente nel cilindro la giusta quantità di olio in base ai giri del motore.

Una grande innovazione, utile, pratica e soprattutto ecologica perché varia il consumo dell'olio in base all'esigenza del motore e non crea sprechi inutili e dannosi per le emissioni.

L'intenzione della Innocenti era quella di usare i Lui come prima prova di questo innovativo sistema di lubrificazione, per poi trasferirlo su tutta la produzione scooteristica tradizionale. Purtroppo le dolorose vicende sindacali dello stabilimento non consentirono l'ulteriore sviluppo di questa nuova ed interessante tecnologia.

Per i mercati esteri il Lui 75 SL fu chiamato Cometa, seguendo la tradizione stellare dei nomi dati agli altri modelli.

In Italia il prezzo di vendita era di 125.000 lire, 10.000 in più rispetto al tradizionale 75 S.

Per quanto riguarda la carrozzeria i colori offerti sono gli stessi del modello S, con l'unica differenza estetica della scritta anteriore e dei vistosi adesivi metallizzati con la dicitura "Lubematic".

Sulle ultime unità prodotte sono state montate le leve con la sfera di sicurezza.

75 SL

This was without doubt the most technological model in the Lui range, the most technically advanced and modern as it was fitted with the "Lubematic" automatic oil mixing system.
While this was certainly not the first time that a motor vehicle had been fitted with this useful accessory – in 1940 Villiers was already using a vacuum system to introduce the oil to the moving parts of its famous two-stroke engines – it was an important novelty on Italian scooters and as such earned a place in the history books.
This automatic system meant that it was no longer necessary to mix the oil and fuel manually as a mechanical pump injected the correct dose of oil into the cylinder according to the engine speed.
This was a major innovation, useful, practical and above all ecological as it varied the consumption of oil according to the requirements of the engine, avoiding waste and consequent pollution.
Innocenti had intended to use the Lui as the test bench for the innovative lubrication system before fitting it to its traditional scooter range. Unfortunately, the painful union struggles within the factory prevented further development of this new and interesting technology.
The Lui 75 CL was known as the Cometa on foreign markets, following the tradition of space nomenclature adopted on the other models.
In Italy it was sold at 125,000 Lire, 10,000 more than the traditional 75 S.
The same paintwork options as the S model were offered, with the only differences being the front badging and the conspicuous metallic "Lubematic" stickers.
Ball-end handlebar levers were fitted to the final examples produced.

Il modello Cometa è certamente il Lui più ricercato e costoso: prodotto in poco più di 2.000 unità è uno dei più rari di tutta la produzione Innocenti. Nella poco gratificante classifica delle Lambretta meno prodotte, è secondo solo alla 125 LD del 1957 ad avviamento elettrico, costruita in 52 esemplari.

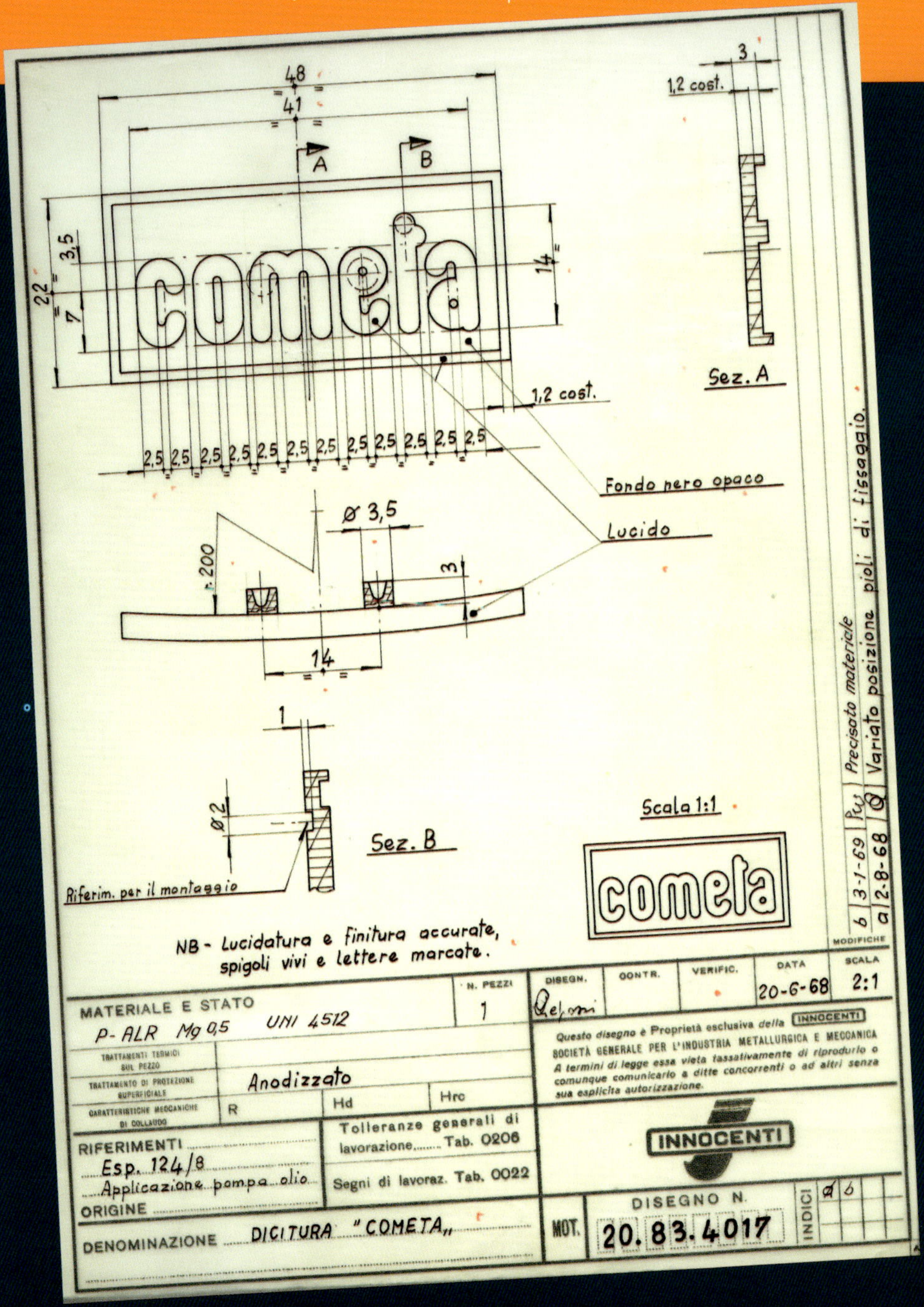

Questa importante comunicazione veniva inviata ai concessionari Lambretta per la prima messa in moto del Lui con miscelatore automatico. Questo perché nessuno aveva ancora dimestichezza con questo nuovo sistema di lubrificazione.

This important letter was sent to the Lambretta dealers and concerned the first time a Lui with automatic fuel mixing was started. This was because no one had any experience with this new lubrication system.

importante!

INNOCENTI

SOC. GENERALE PER L'INDUSTRIA METALLURGICA E MECCANICA
CAPITALE L. 20.000.000.000 INTERAMENTE VERSATO
MILANO ROMA NEW YORK PARIGI LONDRA CARACAS DÜSSELDORF

A TUTTE LE COMMISSIONARIE
LAMBRETTA
Loro Sedi

MILANO
20100
VIA PITTERI, 81
CASELLA POSTALE 3291
TELEX 31081 INNOCEMI - MILANO - TELEX 61081 INNOCERO - ROMA
TELEX 224502 INNOCEN - NEW YORK
TELEGRAMMI: INNOCENFER
TELEFONO N. 23-93
CCIA MILANO 193766

Rif. ASA/SCO GO/200.745	DATA 31.10.1968

DA CITARE NELLA RISPOSTA

Circolare ASA/SCO n. 12/68
Lambretta LUI 75 sl - LUBEMATIC

Vi segnaliamo che la Lambretta LUI 75 sl, si differisce dal modello LUI 75 s per il nuovo sistema separato di lubrificazione degli organi del manovellismo e del cilindro, ottenuto mediante pompa LUBEMATIC.

Questa pompa è del tipo alternativo ed è alimentata da un serbatoio olio, separato da quello della benzina. La miscelazione dell'olio con il comburente avviene direttamente nella luce di aspirazione del cilindro.

I veicoli che Vi vengono forniti hanno il serbatoio olio vuoto.

Per il primo avviamento a veicolo nuovo, è necessario portare a livello il serbatoio olio con AGIP F1 2T e mettere nel serbatoio per la benzina un litro di miscela al 4%.

Fare girare il motore per almeno 10 minuti, con periodiche accelerazioni, onde permettere alla pompa di innescarsi ed entrare in funzionamento.

Dopo può essere completato il rifornimento del serbatoio benzina con benzina normale.

Vi informiamo inoltre che è in preparazione il fascicolo illustrante il sistema LUBEMATIC, il quale Vi sarà spedito quanto prima.

Vogliate gradire i nostri migliori saluti.

"INNOCENTI"

MOD. 0101

Left: the Cometa model was without doubt the most sophisticated and expensive version of the Lui; produced in just over 2,000 examples, it is one of the rarest models ever produced by Innocenti. In the unwelcome table of the least produced Lambrettas, it is second only to the '1957 125 LD with electric starting, produced in just 52 examples.

Lubematic

Una novità come il sistema di lubrificazione automatica necessitava di una serie di informazioni accurate per la prima messa in moto e per la manutenzione ordinaria.
Di seguito troverete la riproduzione di tutto il manuale che la Innocenti forniva ai concessionari per illustrare il funzionamento di questo innovativo sistema di lubrificazione.
L'Innocenti aveva investito molto sulla miscelazione automatica, seguendo le orme dei motoveicoli giapponesi che erano all'avanguardia in questa tecnologia.
Questo impianto avrebbe dovuto essere applicato anche sull'inedito motore bicilindrico, destinato alla nuova 200 SX, che però non aveva superato lo stadio di prototipo a causa dell'elevato costo di produzione.
Questo opuscolo è oggi molto ricercato dai collezionisti in quanto stampato in un numero esiguo di copie.

An innovation such the automatic lubrication system required comprehensive information regarding the first starting of the engine and its subsequent maintenance.
The pages that follow reproduce the manual that Innocenti sent to its dealers to illustrate the functioning of the new lubrication system.
Innocenti had invested heavily in automatic fuel-oil mixing, following the lead of the Japanese companies that represented the avant-garde in this field.
The system was to have been fitted to the new twin-cylinder engine destined for the new 200 SX, but the model never got past the prototype stage due excessive production costs.
This manual is highly sought-after by collector as only a small number of copies was printed.

SISTEMA AUTOMATICO DI LUBRIFICAZIONE
"LUBEMATIC"

Il nuovo sistema automatico di lubrificazione introdotto sulla Lambretta LUI 75 SL, sostituisce completamente la vecchia lubrificazione a miscela di olio e benzina, permettendo l'uso di qualunque tipo di benzina per l'alimentazione dei motori a 2T.

Sulla Lambretta 75 SL esistono due serbatoi separati: uno della capienza di 5 litri, per la benzina; l'altro della capienza di 1 litro, per l'olio (Agip F1 2T, ovvero SAE 40).
I due serbatoi sono sistemati sotto la sella.

Un rifornimento di olio è sufficiente per circa 9-10 rifornimenti di benzina.

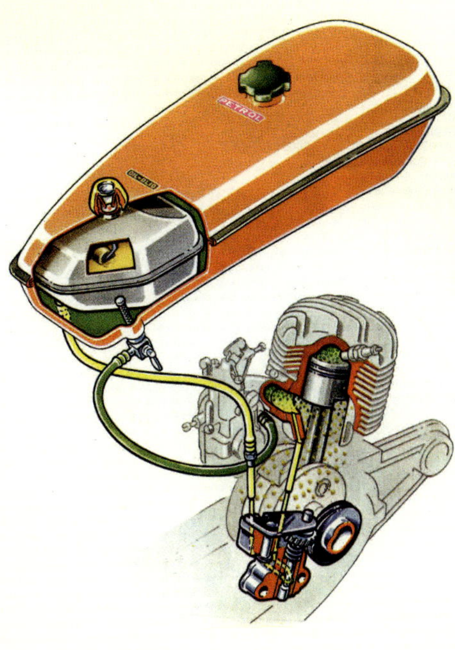

3

DESCRIZIONE

Il sistema LUBEMATIC consiste essenzialmente in una pompa alternativa a semplice effetto, la quale è comandata da un ingranaggio calettato sull'albero motore in corrispondenza del pignone di trasmissione.

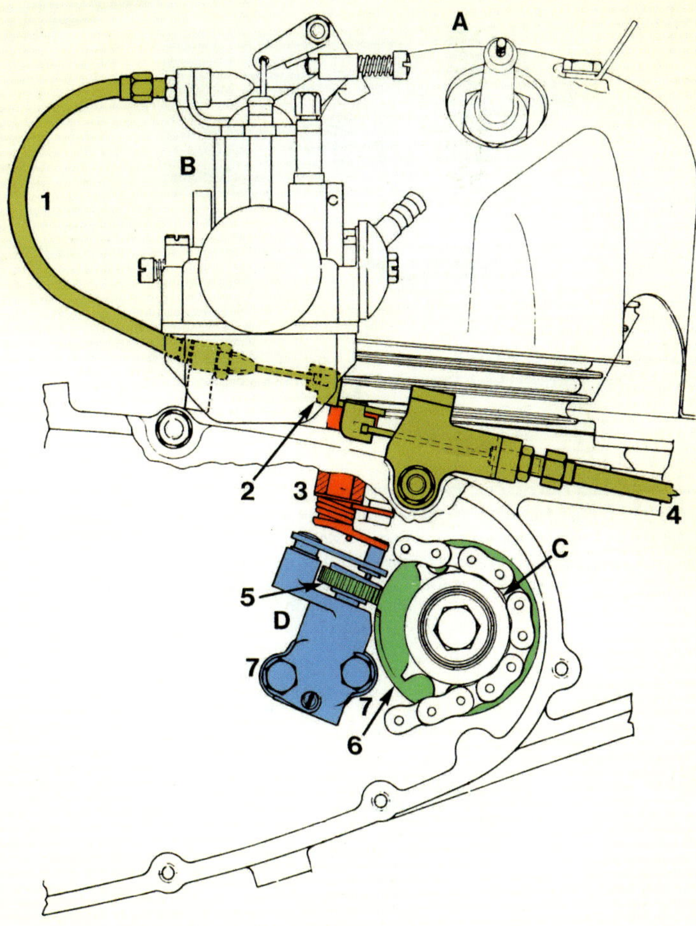

A. Gruppo cilindro - **B.** Carburatore - **C.** Pignone e catena di trasmissione - **D.** Pompa olio - **1.** Cavo collegamento farfalla carburatore-pompa - **2.** Leva collegamento cavi gas - **3.** Alberino comando puntalino - **4.** Cavo collegamento pompa-manopola gas - **5.** Ingranaggio comando stantuffo pompa - **6.** Ingranaggio calettato sull'albero motore, per comando pompa - **7.** Viti fissaggio pompa al carter.

5

L'ingranaggio sulla pompa è solidale con un piano inclinato esterno e con lo stantuffo. Lo stantuffo porta all'estremità una superficie piana, che ha la funzione di collegare alternativamente i condotti di aspirazione e mandata con la camera del cilindro pompa.

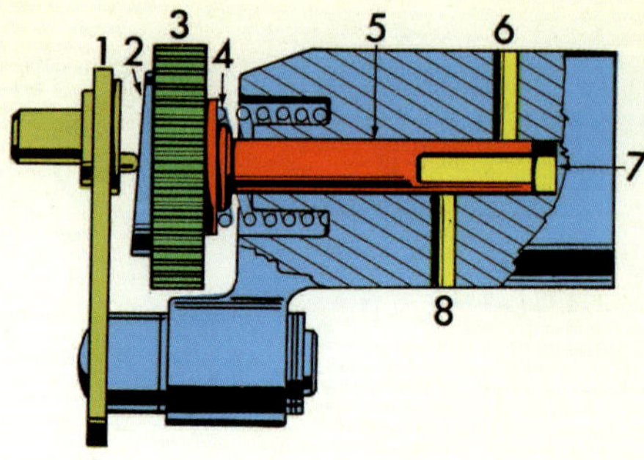

1. Leva con puntalino - **2.** Piano inclinato rotante - **3.** Ingranaggio comando stantuffo - **4.** Molla - **5.** Stantuffo - **6.** Condotto mandata olio - **7.** Camera del cilindro pompa - **8.** Condotto entrata olio.

Una leva collega l'acceleratore con la pompa ed è provvista di due molle; quella inferiore permette il ritorno del puntalino verso il centro del piano inclinato, in fase di decelerazione; quella superiore che collega la leva dei cavi acceleratore con l'alberino comando puntalino, ha la funzione di permettere una corsa maggiore della leva, consentendo l'apertura massima della farfalla carburatore, anche oltre i limiti di escursione del puntalino.

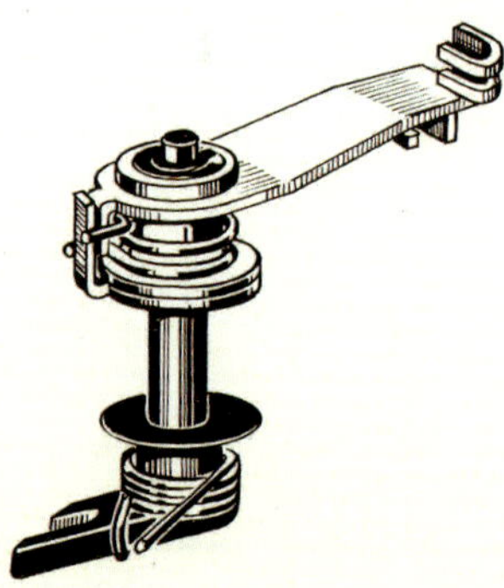

Leva collegamento cavi e alberino comando puntalino

6

Sul circuito di mandata olio, in corrispondenza del foro passaggio olio nel carter, è montata una valvola di tenuta, che impedisce eventuali trafilamenti di olio nel carter - per gravità attraverso la pompa, a veicolo fermo.

Inoltre nel circuito di aspirazione olio e precisamente nel tubo di collegamento, è inserito un filtro olio, sigillato in un contenitore trasparente, che permette di verificare lo stato del filtro ed il momento della sua sostituzione.

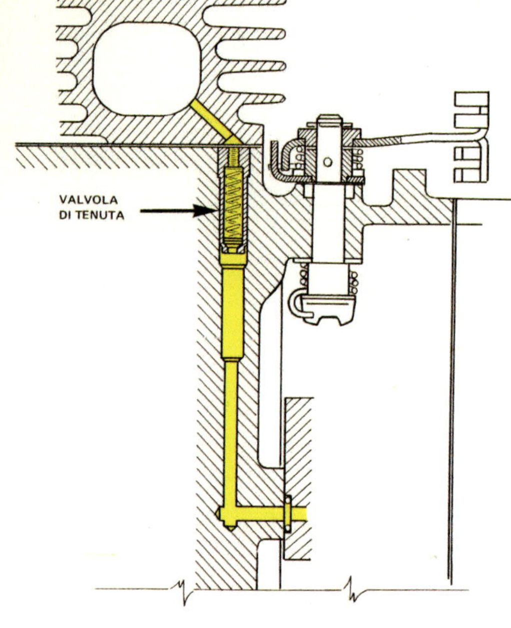

Valvola di tenuta sul circuito di mandata

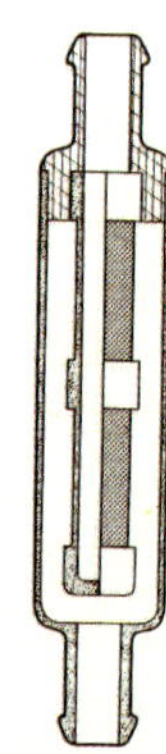

Filtro olio sul circuito di aspirazione

7

FUNZIONAMENTO

La benzina segue la via normale, cioè dal serbatoio raggiunge il carburatore e da questo, attraverso il collettore di aspirazione entra nel motore; l'olio invece è aspirato dalla pompa alternativa ed è condotto attraverso una tubazione interna, direttamente alla luce di aspirazione del cilindro.

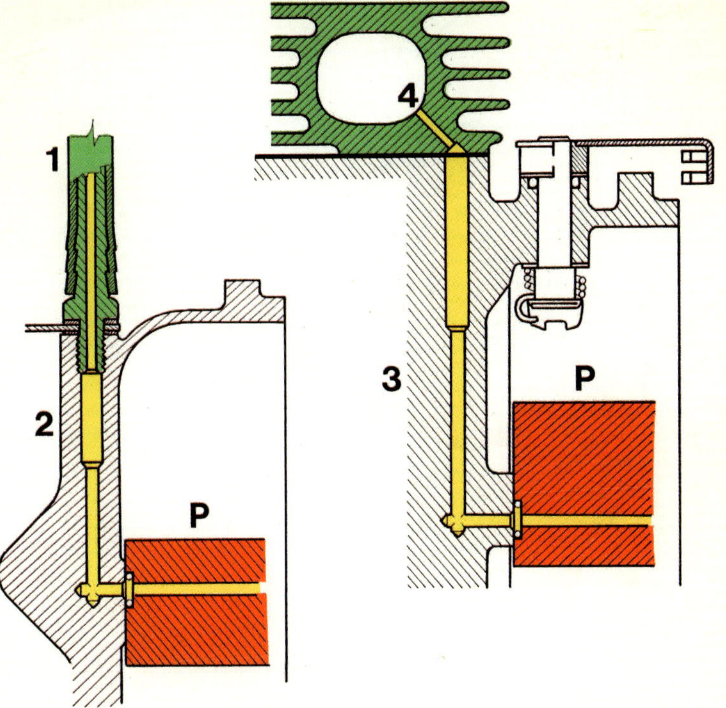

P. Pompa olio - **1.** Tubo collegamento serbatoio pompa - **2.** Condotto aspirazione olio - **3.** Condotto mandata olio - **4.** Condotto mandata olio alla luce di aspirazione del cilindro.

Il movimento rotatorio dello stantuffo è dato dall'ingranaggio della pompa, al quale è solidale.

Il movimento alternativo dello stantuffo è realizzato mediante il piano inclinato rotante ed il puntalino comandato dall'acceleratore. Una molla fra corpo pompa ed ingranaggio tiene premuto il piano inclinato sul puntalino.

Quando il puntalino si trova nella zona ascendente del piano inclinato la pompa effettua la mandata, quando invece passa sulla zona discendente si ha l'aspirazione di olio dal serbatoio.

9

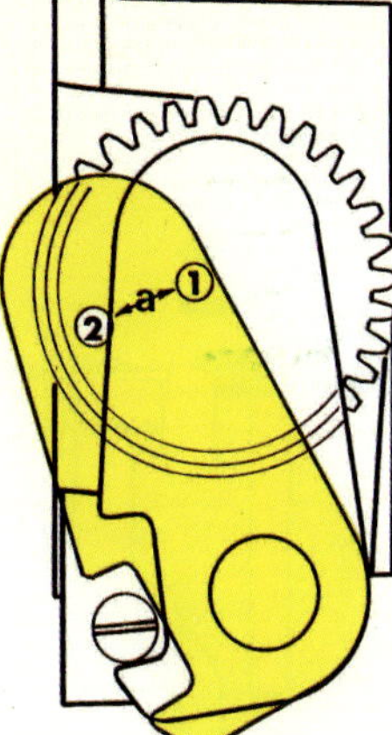

a = Escursione del puntalino
1 = Posizione di portata minima
2 = Posizione di portata massima

Ogni 45 giri dell'albero motore, la pompa effettua un giro e quindi una mandata di olio, per cui, all'aumentare del numero di giri, la quantità di olio inviata cresce automaticamente.
Esiste inoltre un dispositivo che permette, a pari numero di giri, di aumentare o diminuire la quantità di olio erogata in una singola mandata. Tale dispositivo è formato dalla leva che collega la pompa al carburatore, la quale sposta, sotto l'azione diretta dell'acceleratore, la posizione del punto di contatto del puntalino sul piano inclinato rotante.

Variando la posizione del puntalino, mediante l'acceleratore si varia la corsa dello stantuffo e quindi la portata della pompa.

In tal modo si ottiene una seconda variazione automatica della portata, che dipende dall'acceleratore. Infatti, per ottenere una lubrificazione migliore, bisogna tenere conto oltre che del numero di giri del motore, anche della potenza fornita da questo e della temperatura del cilindro, condizioni che in effetti dipendono dall'acceleratore. La potenza aumenta con l'aumentare del numero di giri e aumenta anche, a parità di giri, con l'aumentare del riempimento del cilindro.

La pompa effettua mandate di olio da una percentuale minima di 0,8% ad una percentuale massima del 2,7% permettendo di effettuare discese ad acceleratore chiuso o salite a basso numero di giri ed a coppia di torsione massima, mantenendo quindi condizioni di lubrificazione migliori rispetto al sistema di alimentazione e lubrificazione a miscela.

10

ISTRUZIONI PER L'USO

Tenere presente che:

1) **quando si avvia il veicolo nuovo per la prima volta**
2) **dopo un lungo periodo di inattività del veicolo (soste stagionali)**
3) **dopo le operazioni di smontaggio del motore che possono provocare lo svuotamento dei condotti di lubrificazione**

è necessario controllare il serbatoio olio (eventualmente ripristinare il livello con olio AGIP F.1 2T ovvero SAE 40) e mettere nel serbatoio benzina 1 litro di miscela, al 4% di olio.
Ciò si rende necessario per permettere alla pompa di riempire i condotti dell'olio, dato che la sua portata è talmente piccola, che occorrono alcuni minuti affinchè l'olio giunga nel cilindro.

Per i punti 2 e 3 è necessario vuotare completamente il serbatoio dalla eventuale rimanenza di benzina, prima di introdurvi il litro di miscela al 4% di olio.
Lasciare funzionare il motore per almeno 10 minuti, **con periodiche accelerate,** indi completare il riempimento del serbatoio benzina, aggiungendo soltanto benzina.

Il serbatoio dell'olio è fornito di un indicatore di livello, consistente in un disco rosso che appare sotto il tappo trasparente del serbatoio olio, quando il livello dell'olio è al minimo.

Un ulteriore controllo che esista olio nel serbatoio e che giunga liberamente alla pompa, è possibile attraverso il tubo di collegamento fra serbatoio e pompa, che a questo scopo è di materiale trasparente.

L'efficienza della lubrificazione non dipende ovviamente dalla quantità di olio nel serbatotio, ma è sufficiente che esso sia presente anche in quantità minima.

E' comunque sconsigliabile marciare abitualmente con il livello dell'olio al minimo.

11

NOTE PER L'OFFICINA DI RIPARAZIONI

Normalmente non è necessario regolare o controllare il sistema LUBEMATIC. La pompa non ha un calettamento fisso rispetto all'albero motore, quindi deve essere rimontata senza alcuna operazione di fasatura.
Bisogna tenere presente che la taratura della pompa (anche come ricambio) viene effettuata in fabbrica ed è molto importante che in fase di smontaggio o sostituzione, non venga alterata, mediante la manomissione della vite V.

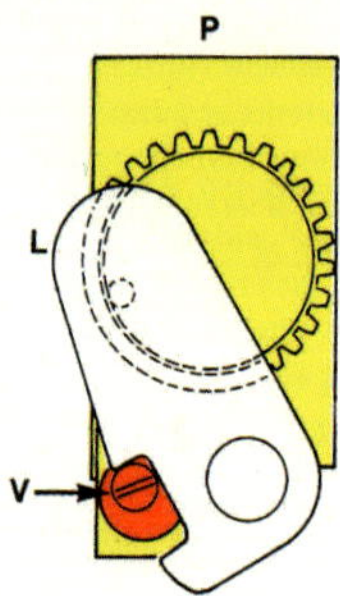

P = Pompa olio
L = Leva con puntalino
V = Vite eccentrica regolazione mandata pompa (non manomettere)

Il collegamento acceleratore - pompa - carburatore non pregiudica la lubrificazione del motore anche in caso di rottura del cavo di comando. Infatti, se la rottura avviene prima della leva, rimane interrotto soltanto il dispositivo di variazione della portata (controllato dall'acceleratore) e viene escluso il carburatore e quindi il motore gira al minimo, lubrificato dall'erogazione costante della pompa. Se invece la rottura avviene dopo la leva, la pompa funziona normalmente e si ha soltanto l'esclusione del carburatore.

E' necessario invece avere cura che la molletta montata sotto la leva collegamento (A), non sia deformata o inefficiente, poichè in tal caso si potrebbe comandare l'apertura della farfalla e non la variazione della portata della pompa, ottenuta mediante la posizione del puntalino sul piano inclinato rotante.

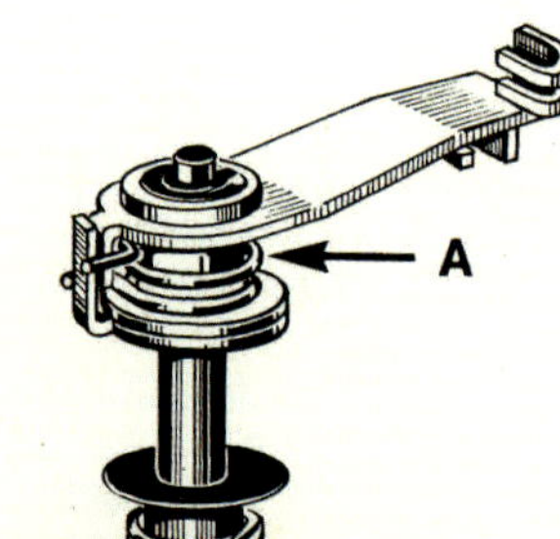

A = Molla collegamento leva cavi con alberino comando puntalino

13

In caso di distacco o sostituzione del cavo gas, lato manopola, è necessario fissare il cavo alla leva di collegamento, lasciando un certo gioco (~ 0,2 ÷ 0,3 mm), onde garantire il funzionamento della pompa al minimo, con comando gas chiuso.

In caso di distacco o sostituzione della pompa, avere cura di applicare nei fori filettati sul carter, una goccia di Loctite AV, dopo aver accuratamente pulito e sgrassato i fori e le viti. Posizionare correttamente i due anelli di tenuta fra carter e pompa, in corrispondenza dei fori di aspirazione e mandata; avvitare quindi le due viti fino ad una **coppia di serraggio max di 0,6 kgm.** Un serraggio eccessivo delle viti potrebbe generare deformazioni e bloccare il funzionamento della pompa.

Si raccomanda di verificare, dopo il serraggio della pompa sul carter, che i due ingranaggi siano impegnati regolarmente fra di loro e che fra i denti esista un gioco circonferenziale di 0,1 ÷ 0,2 mm e che inoltre l'ingranaggio a piano inclinato ruoti liberamente e premuto con un dito a fondo corsa, ritorni automaticamente e prontamente in fuori, sotto l'azione della molla.

NOTA: I motori montati sulla Lambretta 75 SL precedenti all'inserimento del filtro e della valvola di tenuta, sono equipaggiati di pompe olio costruite con particolari accorgimenti e selezionate in modo da garantire la perfetta tenuta, anche senza valvola.

Qualora dopo una sosta dello scooter per qualche giorno, si dovessero notare, all'avviamento del motore, intense fumate allo scarico, che scompaiono dopo qualche minuto, tenere presente che:

- se il motore è precedente alla modifica e cioè senza valvola, è opportuno procedere al montaggio della stessa, che va introdotta, con il foro filettato verso l'alto, forzata nel condotto di mandata olio pompa e precisamente nel foro già previsto sul carter sin dall'inizio della produzione;
- se il motore ha già la valvola, è necessario sostituirla con una nuova. Per la estrazione della valvola dall'alloggiamento del carter, utilizzare il foro filettato della stessa, che ha esclusivamente questa funzione.

Se invece il motore, sia nel caso di pre o post-modifica, continuasse a fumare eccessivamente, l'inconveniente può essere generato da aspirazione di olio dal carter motore e quindi il controllo non deve essere limitato all'impianto LUBEMATIC, ma esteso agli organi di tenuta fra carter motore e carter trasmissione, come per un qualsiasi motore a due tempi.

AVVERTENZA: La regolazione della carburazione al minimo, nei motori provvisti di pompa LUBEMATIC, si esegue dopo aver svincolato i cilindretti terminali dei cavi dalla leva comando pompa, sia del cavo gas corto, di rinvio, fra pompa e carburatore, sia del cavo gas lungo, di collegamento leva pompa - manopola gas.

Dopo la registrazione del minimo ristabilire prima il collegamento del cavo di rinvio corto ed agire sul suo tenditore, onde lasciare un piccolo gioco di circa 0,2 mm; collegare poi il cavo lungo che va alla manopola e, agendo sul tenditore di quest'ultimo, regolare fino ad ottenere un gioco di circa 0,2 mm.

Con tale regolazione si ottiene automaticamente, ruotando a fondo la manopola comando gas, la massima mandata pompa olio e la completa apertura della valvola gas.

14

VANTAGGI DEL SISTEMA LUBEMATIC

Il sistema LUBEMATIC usato per rendere indipendenti l'olio dalla benzina, offre i seguenti vantaggi:

- lubrificazione sempre adeguata alle effettive esigenze del motore;
- migliore rendimento della combustione;
- risparmio di lubrificante a basso numero di giri;
- erogazione di lubrificante con percentuali variabili automaticamente;
- maggiore lubrificazione con carichi elevati;
- maggiore lubrificazione nelle discese con farfalla chiusa;
- minori incrostazioni.

L'olio che entra nel cilindro non è atomizzato, ma è aspirato dalla miscela aria benzina, in forma di goccioline. Ciò rappresenta un altro grande vantaggio per la lubrificazione del motore, la quale avviene con olio fluido, disperso come un velo su tutte le superfici. La lubrificazione della parte alta del cilindro è assicurata da quella piccola percentuale di olio, che nell'aspirazione viene polverizzato e trascinato in alto dal flusso di miscela aria-benzina; sono così eliminati tutti gli inconvenienti derivanti da presenza di olio nella combustione.

Tutte queste condizioni si tramutano in un allontanamento del pericolo di grippaggio, maggior durata del motore, economia di esercizio ed eliminazione dei possibili errori dovuti alle pompe dei distributori automatici di miscela.

La lubrificazione tradizionale a miscela, fornisce una quantità di olio in percentuale costante e variabile soltanto in funzione della quantità di benzina immessa nel motore; la lubrificazione automatica invece, consente introduzioni di olio indipendenti dalla benzina che entra, e quindi con percentuali variabili, calcolate per un rendimento migliore ed una efficiente lubrificazione.

15

Competizioni

Lo scooter, veicolo utilitario per eccellenza, si è difeso con successo anche nelle competizioni, considerate un banco di prova tecnico importante e una vetrina pubblicitaria utilissima ai fini commerciali. La Lambretta vanta un curriculum sportivo di altissimo livello, sia con modelli approntati direttamente dall'Innocenti sia con esemplari elaborati da privati, capaci di imporsi sui circuiti cittadini degli anni Cinquanta. Per non parlare della messe di record – ben 22 nella classe 125 cc! – raccolta sulla pista francese di Montlhéry nel 1951, culminata poi con il record assoluto di velocità: l'8 agosto 1951, sul tratto autostradale tedesco Monaco-Ingolstadt, dove il pilota Romolo Ferri, alla guida del profilatissimo siluro mosso da un monocilindrico di 125 cc sovralimentato con compressore volumetrico, raggiunge i 201 km/h sul chilometro e sul miglio lanciati. Cambiano i tempi, si perde l'interesse per i record, scompaiono i circuiti cittadini e per lo scooter non c'è più spazio in pista. Ma la Lambretta continua a farsi onore nella regolarità e nelle rievocazioni. Tra i protagonisti si annovera Tullio Masserini, classe 1938, vincitore assoluto delle Valli Bergamasche del 1959 su Gilera Giubileo 98 e di ben due Motogiro d'Italia, nel 1967 e 1969, in sella alla Lambretta 200 DL. Al grande campione bergamasco si deve l'ambiziosa partecipazione del Lui nientemeno che alla Sei Giorni Internazionale di Regolarità del 1969 a Garmisch-Partenkirchen. Ecco il suo racconto: «Venni contattato dall'Innocenti e mi chiesero un exploit di grande effetto per cercare di stimolare le vendite che languivano: partecipare alla Sei Giorni Internazionale di Garmisch-Partenkirchen in sella ad un Lui 75. Furono solo l'entusiasmo e la passione a farmi accettare una simile impresa, ben conoscendo il terreno quanto mai pesante della gara tedesca, ma anche il ricordo della partecipazione alle Valli Bergamasche del 1963 con la mia Lambretta TV 175, conclusa intorno al 64° posto. Con il fido Gianangelo Ravasio, storico collaboratore della nostra azienda (la famiglia Masserini era concessionaria della Lambretta, *ndr*), curammo la preparazione del Lui: montammo il gruppo termico dell'altrettanto sfortunata – commercialmente parlando – Lambretta Cento per avere un po' di potenza in più lavorando di lima e flessibile su luci e travasi; furono irrobustite e allungate le sospensioni per avere 8 cm in più di luce a terra, irrobustito il manubrio, applicate piastre in lamiera a protezione dei carter e la scatola del filtro fu opportunamente rialzata. La gara purtroppo si rivelò troppo dura per le condizioni meteo: le piogge avevano ridotto il percorso ad un pantano fangoso e la prima tappa la percorsi più spingendo che in sella... Mi ritirai stremato dopo la prima giornata di gara: alla fine, di 321 partenti, arrivarono al traguardo in 207».

Alcune immagini di Tullio Masserini alla guida del Lui "Regolarità". Appare evidente che l'impresa era assolutamente ardua da affrontare. Il piccolo Lui, con le sue ruote da 10 pollici non ha certo potuto fare miracoli su un terreno così accidentato e specifico per moto di ben altra statura. È stata comunque un'impresa storica che ha dato al Lui anche questa componente agonistica.

A number of shots of Tullio Masserini riding the Lui "Regolarità" or "Trial". It is clear that the event was almost impossibly gruelling. The little Lui with its 10" wheels could hardly perform miracles on such rough terrain far better suited to motorcycles of a very different stature. It was nonetheless an historic feat that gave the Lui a competition dimension.

The Lui and racing

The utility vehicle par excellence, the scooter also had an interesting competition history, with racing considered an important test bench and a highly useful advertising tool in commercial terms. The Lambretta boasted a sporting curriculum of the highest level, both with models prepared directly by Innocenti and with examples raced by privateers that proved successful on the Italian city circuits of the 1950s. Not to mention the host of records– no less than 22 in the 125 cc class! – that were set on the Montlhéry track in France in 1951, culminating in the outright speed record set in the August of 1951 on the German autobahn between Monaco and Ingolstadt: Romolo Ferri rode a sleekly streamlined machine powered by a supercharged 125 cc single to 201 kph over the flying kilometre and mile. Times changed, interest in record breaking waned, the city circuits disappeared and there was no longer space for scooters on the track. Nonetheless, Lambrettas continued to feature in trials and historic events: among the protagonists was Tullio Masserini, class of 1938, the overall winner of the Valli Bergamasche in 1959 on a Gilera Giubileo 98 and the winner of two Motogiro d'Italias in 1967 and 1968 aboard a Lambretta 200 DL. The great Bergamo-born rider was also responsible for the Lui's ambitious participation in none other than the International Six Days Trial held in 1969 at Garmisch-Partenkirchen. This is his story: «I was contacted by Innocenti and asked about a dramatic exploit that would help stimulate stagnating sales: participating in the Garmisch-Partenkirchen International Six Days aboard a Lui 75. It was only enthusiasm and passion that convinced me to accept such a proposal, well aware as I was of the gruelling nature of the German event and having already participated in the 1963 Valli Bergamasche with my Lambretta TV 175, in which I finished 64th overall. Together with the faithful Gianangelo Ravasio, a long-term associate of our company (the Masserini ran a Lambretta dealership, A/N), we supervised the preparation of the Lui: we fitted the engine from the equally unsuccessful – in commercial terms – Lambretta Cento to give a little more power and tuned its cylinder port; the suspension was reinforced and lengthened to give an extra 8 cm ground clearance, the handlebar was reinforced, metal plates were fitted to protect the engine casings and the filter box was suitably raised. Unfortunately, the event proved to be excessive due to the poor weather: the rain turned the circuit into a muddy swamp and I spent more of the first stage pushing than in the saddle. I retired exhausted after the first day's racing: in the end, of 312 starters, 207 finished».

La preparazione del Lui "Regolarità" da parte dello staff Innocenti è stata certosina e molto complessa.
Oltre alla tradizionale elaborazione del motore, si è dovuti intervenire sulle sospensioni per alzare la luce da terra e spostare il comando del freno posteriore, in quanto molto esposto nella parte bassa del motore.
Il manubrio è stato rinforzato con una barra in metallo, come già si usava per le moto da regolarità.

The preparation of the Lui "Regolarità" by the Innocenti staff was painstaking and very complex.
As well as the traditional tuning of the engine, they had to work on the suspension to increase the ground clearance and move the rear brake control as it was very exposed towards the bottom of the engine.
The handlebar was reinforced with a metal bar, as was generally the case with trials bikes.

Nella parte inferiore del motore è stata applicata una paratia in metallo per proteggere il carter dai sassi e far scivolare lo scooter sui dossi più alti.
All'avantreno è stata montata una coppia di ammortizzatori della 200 SX, per ridurre i colpi alla forcella e per i pneumatici si è scelto un modello della Pirelli appositamente concepito per il fuoristrada.
A fianco, il campione Tullio Masserini, immortalato oggi con il suo fedele Lui 75 "Regolarità".

A metal plate was attached to the bottom of the engine to protect the crankcase from rocks and allow the scooter to slide over higher bumps.
At the front, a pair of dampers from the 200 SX was fitted to reduce stress on the fork while specific off-road Pirelli tyres were chosen.
Left, the great Tullio Masserini immortalised recently with his faithful Lui 75 "Regolarità".

Produzione su licenza

Un interessante progetto della Innocenti per incrementare la diffusione del Lui nel mondo è stato quello di offrire la possibilità di produrre o assemblare il veicolo direttamente nel Paese dove verrà commercializzato.
In questo modo si ottengono numerosi vantaggi, primo fra tutti la drastica riduzione degli oneri doganali che, in molti casi, sono molto alti e precludono la possibilità di vendere il Lui ad un prezzo accettabile.
Viene quindi preparato un dossier con le specifiche per tutte le possibilità di assemblaggio e costruzione.
Si va dal semplice assemblaggio di parti finite (SKD), alla parziale lavorazione in loco con verniciatura (CKD,UNT-EAT), fino alla completa costruzione del veicolo utilizzando le parti inviate dall'Italia (CKD-UNP-UNW).
Per ogni tipo di progetto la Innocenti consiglia anche tutti i dati per la corretta produzione: aree di lavoro, numero di operai, spazi per i magazzini ecc.
È sicuramente un'iniziativa interessantissima che anticipa i tempi e che vede l'Innocenti sempre all'avanguardia in questo importante settore industriale.
Purtroppo il progetto non ottiene il successo sperato, nessun Paese si dimostra interessato a questa lodevole proposta a parte Ceylon, dove viene impiantata una linea di prova che, sfortunatamente, non ha seguito.
L'offerta più seria arriva dall'Argentina, dalla azienda di motoveicoli dei fratelli Lujan, ma anche questa iniziativa non andrà a buon fine.

Alcune belle immagini a colori dello stabilimento di assemblaggio del Lui a Ceylon, tratte dalla rivista *Innocenti 3J*.
Come si può vedere si trattava di un piccolo capannone dove venivano parzialmente rimontati i Lui che arrivavano dall'Italia. Questo serviva per coinvolgere le autorità locali, incrementare il lavoro sul posto e ridurre drasticamente le tasse di importazione. Sono le uniche immagini che abbiamo trovato di uno stabilimento Lui al di fuori dell'Italia.

12

Production under license

An interesting Innocenti project designed to increment the diffusion of the Lui around the world involved offering the opportunity to produce or assemble the vehicle directly in the country in which it was to be sold.
There were numerous advantages to this process, first and foremost the drastic reduction in customs duties that, in many cases were very high and precluded the possibility of selling the Lui at an acceptable price.
A dossier was prepared with the specifications for all the assembly and production possibilities.
These ranged from the simple assembly of finished parts (SKD), to partial local manufacturing and painting (CKD-UNT-EAT) and through to the complete construction of the vehicle using parts sent from Italy (CKD-UNP-UNW).
Innocenti also provided advice on all aspects of production for each type of project: working areas, the size of the workforce, storage space and so on.
It was undoubtedly an extremely interesting and innovative initiative that saw Innocenti leading the way in this important industrial sector.
Unfortunately, the project failed to achieve the success hoped for; no country demonstrated interest in the proposal apart from Ceylon, where a pilot line was installed but sadly never taken any further.
The most serious offer came from Argentina, from the automotive firm owned by the Lujan brothers, but this too never came to fruition.

A number of interesting photos of the Lui assembly plant in Ceylon, taken from the Innocenti 3J *magazine. As can be seen, the plant was a small shed in which the Luis arriving from Italy were partially reassembled. This served to involve the local authorities, increase the number of local jobs and drastically reduce import duties. These are the only shots we have found of a Lui plant outside Italy.*

INNOCENTI

LOCAL ASSEMBLY OF MOTORVEHICLES
OF THE NEW SERIES "S":

LAMBRETTA 50S "LUNA"
LAMBRETTA 75S "VEGA"
LAMBRETTA 75SL "COMETA"

LOCAL ASSEMBLY OF LAMBRETTA MOTORVEHICLES

Reasons for undertaking local assembly

The principal reasons which make the installation of a Lambretta assembly plant necessary and attractive are to be found amongst the following:

a) Reduction to the minimum of the foreign exchange employed in the import of motorvehicles.
b) Government regulations that insist on the partial local assembly or manufacture of Lambretta motorvehicles.
c) Increase in local industrialization and employment of local labour and technicians.
d) Reduction in freight rates and shipping costs as a result of the decrease in unitary packing volume.
e) Possibility of reduction in Custom duties or other taxes when the vehicles are imported in knocked down condition.

Different conditions in which Lambretta motorvehicles may be supplied

a) CBU (Completely built up)

In this condition the vehicles can be supplied:

1) in wooden cases or crates (2 units in each case or crate) for overseas shipments
2) in card-board boxes (1 unit in each case) for railway shipments

They are complete in all their parts. The vehicles are packed completely assembled and the only loose parts are:

the front wheel
the rear tyre
the kickstarting pedal

./.

- 2 -

the handlebar / head lamp assembly

Shipping volume per unit: O. 5 cu. m.

b) SKD (Semi knocked down)

The motorvehicles are complete in all their parts, but supplied in the following main subassemblies.

1) Engine completely assembled and tested
2) Front fork completely assembled
3) Front hub
4) Handlebar / head lamp with control cables already connected
5) Chassis
6) Legshield
7) The remaining parts are supplied loose.

Deduction from CBU unit price: 5. 60 $
Shipping volume per unit: 0. 375 cu. m.
Minimum lot for each shipment: 20 units

c) CKD/UNP/EAT (Completely knocked down, unpainted, with engine assembled and tested)

The motorvehicles are complete in all their parts, but supplied completely knocked down, painted with the primer coat except for the engine which is completely assembled and tested.

Deduction from CBU unit price: 9. 30 $
Shipping volume per unit: O. 35 cu. m.
Minimum lot for each shipment: 30 units

d) CKD/UNP/P. UNW/EAT (Completely knocked down, unpainted, partially unwelded, with engine assembled and tested)

The motorvehicles are supplied as above c) but some sheet metal components are partially unwelded.

./.

- 3 -

Deduction from CBU unit price: 12. 00 $
Shipping volume per unit: 0. 26 cu. m.
Minimum lot for each shipment: 50 units

e) CKD/UNP/UNW/EAT (Completely knocked down, unpainted, unwelded, with engine completely assembled and tested)

The motorvehicles are supplied as above c) but all sheet metal components are totally unwelded.

Deduction from CBU unit price: 16. 00 $
Shipping volume per unit: 0, 26 cu. m.
Minimum lot for each shipment: 50 units

f) CKD/UNP/UNW (Completely knocked down, unpainted, unwelded)

The motorvehicles are supplied complete in all their parts but completely knocked down, completely unwelded and with the primer coat only. The engine is also supplied completely disassembled.

Deduction from CBU unit price: 22. 00 $
Shipping volume per unit: 0. 30 cu. m. →0,26
Minimum lot for each shipment: 100 units

./.

Nelle pagine dei documenti qui riprodotti, sono spiegate le valide ragioni per allestire una produzione su licenza e tutti i dettagli tecnici per realizzare il ciclo produttivo. È interessante notare che il motivo principale per convincere il futuro produttore era l'abbattimento degli oneri doganali, che potevano arrivare a oltre il 100% del valore importato che avrebbe limitato enormemente la vendita dello scooter.

The document reproduced here presents valid reasons for establishing production under licence and all the technical details for setting up the production cycle.
It is interesting to note that the main advantage that was expected to convince prospective producers was the reduction in customs duties that could exceed 100% of the value imported and would have severely restricted sales of the scooter.

INNOCENTI

- 8 -

SUPPLY IN "CKD/UNP/P. UNW/EAT CONDITION

A) The main operations to be carried out in order to assemble the motorvehicles starting from supplies in CKD/UNP/P. UNW/EAT condition are as follows:

Welding: - of 6 components or subassemblies in which the chassis is supplied
- of 4 components or subassemblies in which the front fork is supplied

Painting / Assembling of main subassemblies — See: Supply in CKD/UNP/EAT condition

Assembling of the vehicle / Testing and finishing — See: Supply in SKD condition

B) The fixtures, jigs and special toolings required for the above mentioned operations are principally:

For welding: One final welding jig for the chassis
One straightening and control jig for the chassis
One final welding jig for the front fork
One straightening and control jig for the front fork
One electric arch welding set for 2 welders

For painting / For assembling of main subassemblies — See: Supply in CKD/UNP/EAT condition

For assembling of the vehicle / For testing and finishing — See: Supply in SKD condition

N. B.: We have not considered normal wrenches and tools which could easily be found on the local market.
Quantity of fixtures and special toolings vary according to the yearly production.

./.

- 9 -

TABLE FOR ASSEMBLING STARTING FROM
SUPPLY IN CKD/UNP/P. UNW/EAT CONDITION

YEARLY PRODUCTION (Units)	1.500	3.000	4.500	6.000
INVESTMENT (US$)	13.800	14.500	19.000	23.400
LABOUR (n. of workers)	5	10	17	24
AREA (sq. m.)	500	800	1.000	1.200

REDUCTIONS FROM SUPPLY IN CBU:

FOB PRICE PER UNIT: - 12. 00 $

SHIPPING VOLUME PER UNIT: - 0, 24 cu. m.

./.

- 10 -

SUPPLY IN "CKD/UNP/UNW/EAT" CONDITION

The main operations to be carried out in order to assemble the motorvehicles starting from supplies in CKD/UNP/UNW/EAT condition are as follows:

Welding of all the components of the chassis:

front fork
legshield
fuel tank
number palte support

Painting / Assembling of main subassemblies — See: Supply in CKD/UNP/EAT condition

Assembling of the vehicle / Testing and finishing — See: Supply in SKD condition

The fixtures, jigs and special toolings required for the above mentioned operations are principally:

For welding: - Positionning and welding jigs for the components of the above mentioned items
- One electric arch welding set for 2 welders
- One oxyacetylene welding set
- One 25/50 KVA spot welding machine
- One double disc sanding machine

For painting / For assembling of main subassemblies — See: Supply in CKD/UNP/EAT condition

For assembling of the vehicle / For testing and Finishing — See: Supply in SKD condition

N. B.: We have not considered normal wrenches and tools which could easily be found on the local market.
Quantity of fixtures and special toolings vary according to the yearly production.

./.

INNOCENTI

- 4 -

SUPPLY IN "SKD" CONDITION

A) The main operations to be carried out in order to assemble the motor=vehicles starting from supplies in SKD condition are as follows:

For assembling: Silencer on the engine
Chassis on the engine
Front fork on the chassis
Legshield on the chassis
Handlebar / head lamp on the front fork
Fuel tank and saddle on the chassis
Wheels on the vehicle

For testing and finishing: Testing of all the vehicle parts
Tuning up and eventual repairs
Touching up and cleaning

B) The fixtures and special toolings required for the above mentioned operations are principally:

For assembling: Working bench and engine fixing vice
Wheel fixing vice
Set of special wrenches and tools

For testing and finishing: Complete set of service station tools.

N. B.: We have not considered normal wrenches and tools which could easily be found on local market.
Quantities of fixtures and special toolings vary according to the yearly production.

./.

- 5 -

TABLE FOR ASSEMBLING STARTING FROM SUPPLY IN SKD CONDITION

YEARLY PRODUCTION (Units)	1.500	3.000	4.500	6.000
INVESTMENT (US$)	1.200	1.800	2.200	2.600
LABOUR (n. of workers)	2	4	6	8
AREA (sq. m.)	250	500	650	800

REDUCTIONS FROM SUPPLY IN CBU:

FOB PRICE PER UNIT: - 5.60 $

SHIPPING VOLUME PER UNIT: - 0.13 cu. m.

Stettamente legati alla produzione (PRODUTTIVI)

./.

- 6 -

SUPPLY IN "CKD/UNP/EAT" CONDITION

The main operations to be carried out in order to assemble the motor=vehicles starting from supplies in CKD/UNP/EAT condition are as follows:

Painting: Polishing of primer coat
Spraying of first enamel layer
Baking in oven
Polishing of first enamel layer
Spraying of final enamel layer
Final baking in oven

Assembling of main sub assemblies: Front fork
Front hub
Handlebar/headlamp

Assembling of the vehicle / Testing and finishing: See: Supply in SKD condition

The fixtures and special toolings required for the above mentioned operations are principally:

For painting: One spray booth
One electric oven
Painting spray guns
Accessories

For assembling of main sub assemblies: Fixing vices
Special toolings

For assembling of the vehicle / Testing and finishing: See: Supply in SKD condition

N. B.: We have not considered normal wrenches and tools which could easily be found on local market.
Quantity of fixtures and special toolings vary according to the yearly production.

./.

- 7 -

TABLE FOR ASSEMBLING STARTING FROM SUPPLY IN CKD/UNP/EAT CONDITION

YEARLY PRODUCTION (Units)	1.500	3.000	4.500	6.000
INVESTMENT (US$)	6.800	7.500	11.700	12.000
LABOUR (n. of workers)	4	8	13	18
AREA (sq. m.)	400	700	900	1.100

REDUCTIONS FROM SUPPLY IN CBU:

FOB PRICE PER UNIT: - 9.30 $

SHIPPING VOLUME PER UNIT: - 0.15 cu. m.

./.

Particolarmente dettagliata la tabella degli investimenti in base alle unità prodotte e al numero di operai impegnati nello stabilimento. È evidente che se si fosse scelta la produzione completa, il numero di operai sarebbe stato decisamente superiore: per il solo assemblaggio di 1.500 scooter all'anno venivano richiesti due operai, mentre nel caso più complesso di costruzione completa questi salivano a dodici unità.

A particularly detailed table of the investments on the basis of the number of units produced and the number of workers employed in the plant. Clearly, had complete production been chosen, the number of workers would have been significantly greater: just two workers were required for the mere assembly of 1,500 units per year, while in the more complex case of full-scale production 12 workers were required.

INNOCENTI

- 11 -

TABLE FOR ASSEMBLING STARTING FROM SUPPLY IN CKD/UNP/UNW/EAT CONDITION

YEARLY PRODUCTION (Units)	1.500	3.000	4.500	6.000
INVESTMENT (US$)	20.400	21.000	25.300	30.000
LABOUR (n. of workers)	8	15	24	32
AREA (sq. m.)	600	900	1.200	1.400

REDUCTIONS FROM SUPPLY IN CBU:

FOB PRICE PER UNIT: - 16.00 $

SHIPPING VOLUME PER UNIT: - 0.24 cu. m.

./.

- 12 -

SUPPLY IN "CKD/UNP/UNW" CONDITION

The main operations to be carried out in order to assemble the motor=vehicles starting from supplies in CKD/UNP/UNW condition are as follows:

Assembling of the engine

Testing of the engine

Welding / Painting / Assembling of main subassemblies: See: Supply in CKD/UNP/UNW/EAT condition

Assembling of the vehicle / Testing and finishing: See: Supply in SKD condition

The fixtures, jigs and special toolings required for the above mentioned operations are as follows:

For the assembling of the engine:
Working bench and engine fixing vice
Engine cover fixing vice
Brake shoes turning tool
Complete set of special wrenches and tools

For the testing of the engine: One complete testing bench

For welding / For painting / For assembling of main subassemblies: See: Supply in CKD/UNP/UNW/ /EAT condition

For assembling of the vehicle / Testing and Finishing: See: Supply in SKD condition

N. B.: We have not considered normal wrenches and tools which could easily be found on the local market.
Quantity of fixtures and special toolings vary according to the yearly production.

./.

- 13 -

TABLE FOR ASSEMBLING STARTING FROM SUPPLY IN CKD/UNP/UNW CONDITION

YEARLY PRODUCTION (Units)	1.500	3.000	4.500	6.000
INVESTMENT (US$)	31.000	35.000	38.000	42.000
LABOUR (n. of workers)	12	23	37	45
AREA (sq. m.)	800	1.200	1.500	2.000

REDUCTIONS FROM SUPPLY IN CBU:

FOB PRICE PER UNIT: - 22.00 $

SHIPPING VOLUME PER UNIT: - 0.20 cu. m.

./.

- 14 -

CONCLUSION

The choice of the supply condition for local assembly is mainly influenced by the yearly production volume.

Indicatively, the more convenient supply conditions are roughly as stated herebelow:

Yearly production	Supply condition
UP TO 2.500 units	SKD
from 2.500 to 3.000 "	CKD/UNP/EAT
from 3.000 to 4.000 "	CKD/UNP/P.UNW/EAT
from 4.000 to 5.000 "	CKD/UNP/UNW/EAT
OVER 5.000 "	CKD/UNP/UNW

For a more accurate choice for one specific market and in order to calculate the economic convenience of a local assembly in comparison with the import of the CBU units, the main factors to be taken in account are:

a) From one side: Investments, Labour wages;
b) From the other side: Reduction of FOB price, Reduction of maritime freight, Reduction of custom duties, Taxes exemptions.

We are however at your complete disposal to adapt the elements that we have given in this project to the local possibilities and thus to find out the supply condition most suitable to your particular market condition in order to meet the most convenient local assembly activity.

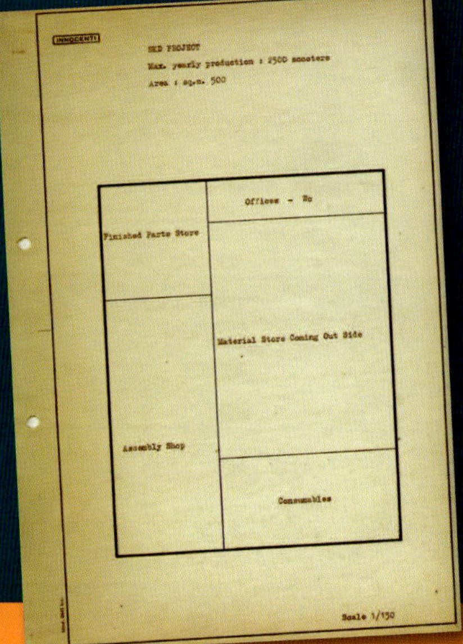
INNOCENTI

SKD PROJECT

Max. yearly production : 2500 scooters

Area : sq.m. 500

Offices - Wc

Finished Parts Store

Material Store Coming Out Side

Assembly Shop

Consumables

Scale 1/150

Nella proposta commerciale viene anche definito il prospetto in pianta dello stabilimento tipo, in base alle lavorazioni. Questo dimostra la grande attenzione dei tecnici della Innocenti nell'organizzare l'intera produzione.

The commercial proposal also defined the plan of a model plant on the basis of the operations required. This demonstrates the great attention paid by the Innocenti engineers to the organization of the entire production process.

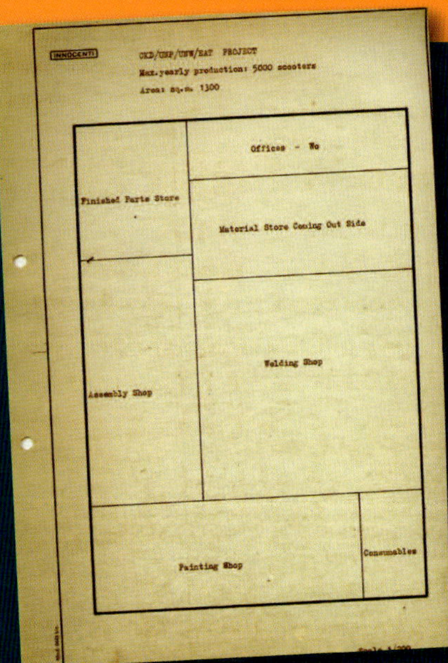
INNOCENTI

CKD/UNP/UNW/EAT PROJECT

Max.yearly production: 5000 scooters

Area: sq.m. 1300

Offices - Wc

Finished Parts Store

Material Store Coming Out Side

Assembly Shop

Welding Shop

Painting Shop

Consumables

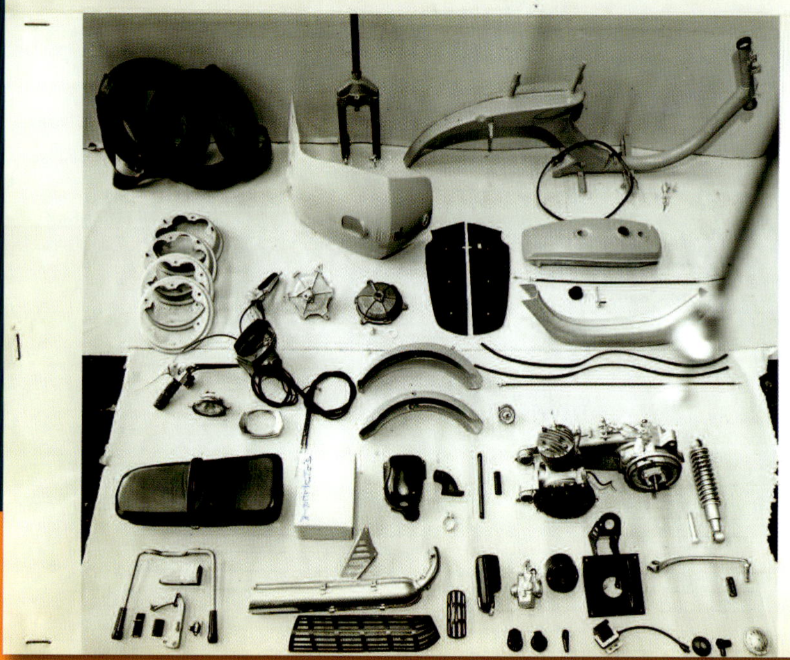

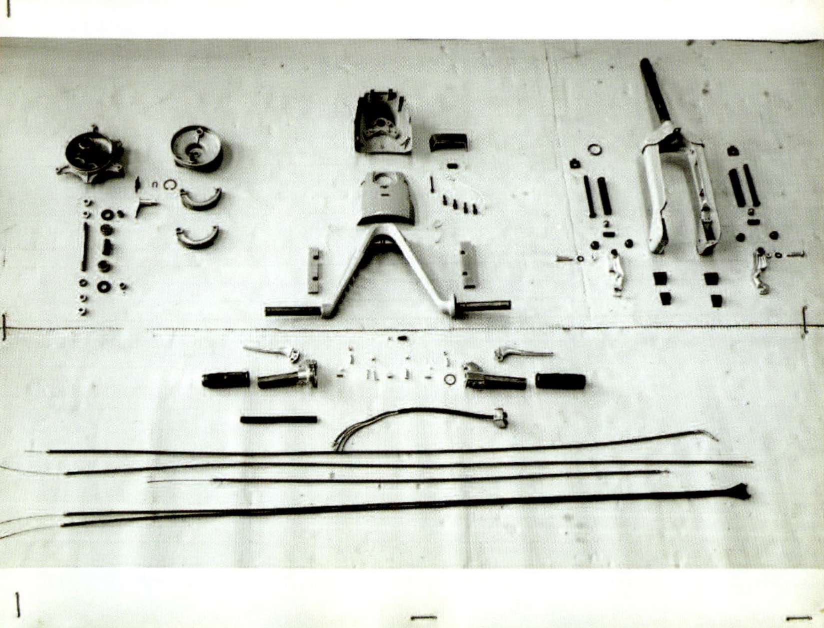

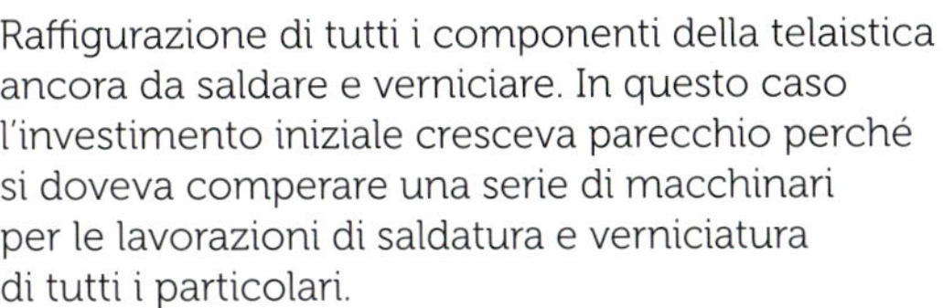

Raffigurazione di tutti i componenti della telaistica ancora da saldare e verniciare. In questo caso l'investimento iniziale cresceva parecchio perché si doveva comperare una serie di macchinari per le lavorazioni di saldatura e verniciatura di tutti i particolari.
Per il motore occorreva una manovalanza quanto mai specializzata che, purtroppo, non era facile da reperire.

Depiction of all the frame components, still to be welded and painted. In this case the initial investment increased considerably because a range of tooling had to be acquired for the welding and painting of the various components. The engine required a skilled workforce that was unfortunately difficult to find.

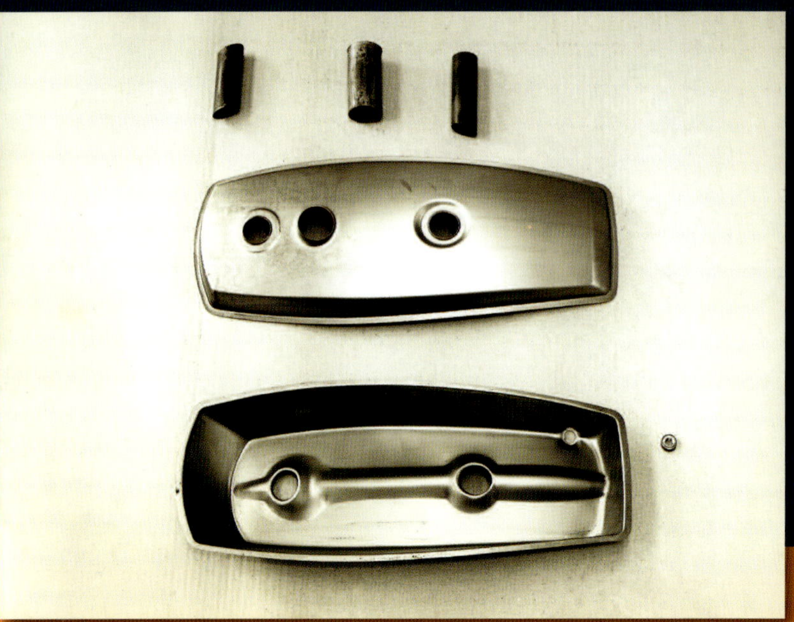
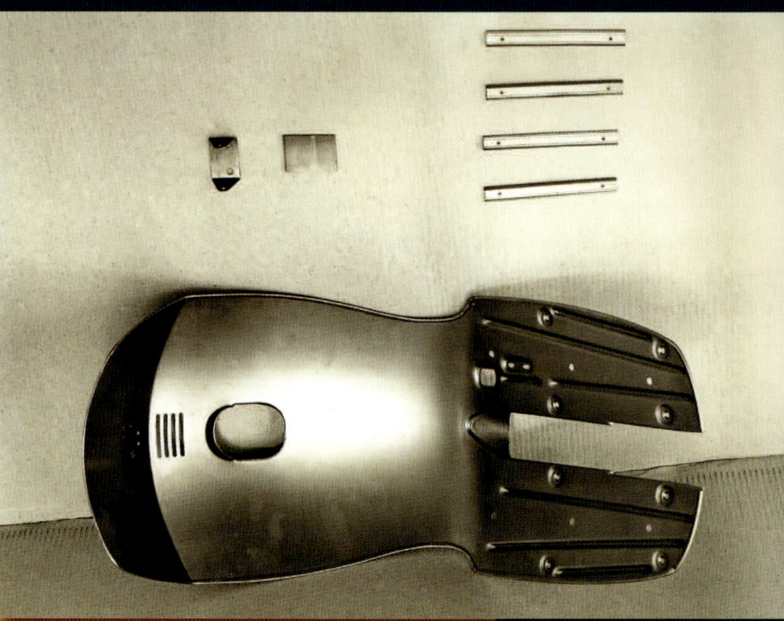

Dettagli dei pezzi di carrozzeria da saldare e verniciare. L'Innocenti si sarebbe preoccupata dello stampaggio dei pezzi singoli, lasciando al concessionario il lavoro di assemblaggio e di verniciatura.
Notare i pochi pezzi di cui era composto il telaio, una semplificazione poco comune in casa Innocenti.

Details of the bodywork components awaiting welding and painting. Innocenti would have pressed the individual pieces, leaving the concessionaire to assemble and paint them. Note the reduced number of components making up the frame, a degree of simplification rare at Innocenti.

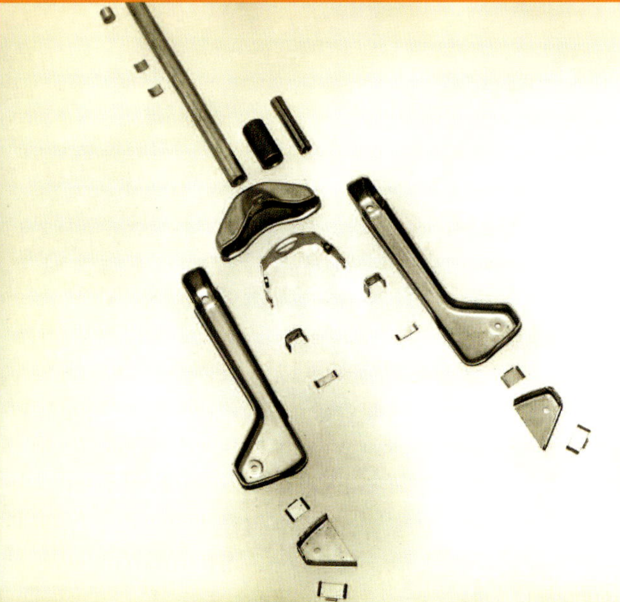
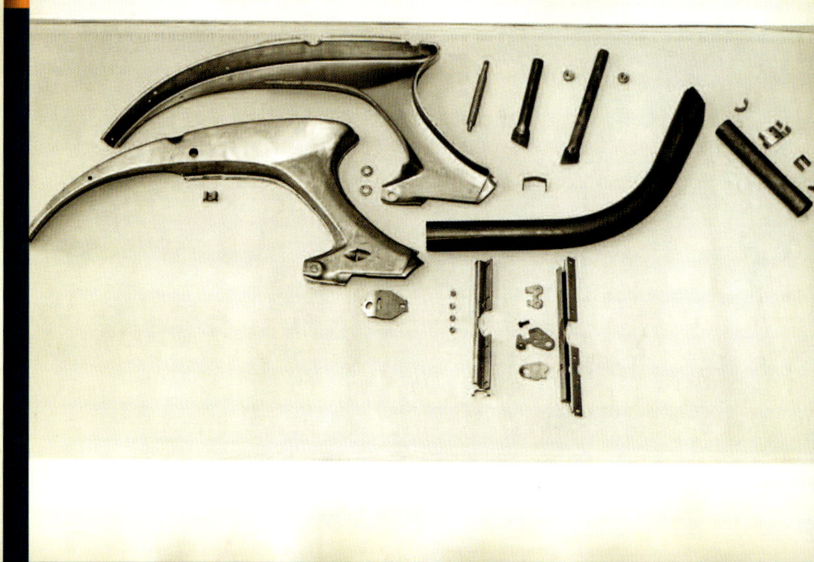

Lui nel mondo: Lui 50/75 Argentina

L'Argentina è sempre stato un Paese privilegiato nel rapporto con la Innocenti.
Già nel 1948 decine di Lambretta 125 A venivano esportate con successo verso questo Paese, densamente popolato di immigrati italiani.
Negli anni Cinquanta la Siambretta produceva su licenza i modelli D e LD e il ciclomotore 48, diventando una delle più importanti fabbriche nazionali di motoveicoli.
Era quindi più che naturale un interessamento della Siambretta verso questo nuovo scooter Innocenti. L'idea era quella di produrlo su licenza, come per gli altri modelli, ma poi il progetto non è andato a buon fine. Ai protagonisti di questa avventura industriale il piacere di raccontare come è andata.

Cordoba, Argentina, 24 maggio 2016
Intervista a Luis Marcelo Lujan jr, erede di uno dei proprietari della Fratelli Lujan SpA, impresa argentina che tra il 1968 e il 1972 dapprima importò e poi quasi avviò una linea di produzione completamente nazionale del Lui 50 e dei Cometa e Vega 75 (Intervista e traduzione a cura di Roberto Lampa).

La sua famiglia ha una storia imprenditoriale molto interessante che inizia nel settore della piccola meccanica e finisce nella produzione di scooter e moto: potrebbe raccontarla in breve? In particolare, sa se i contatti con la Innocenti di Milano sono anteriori alla produzione di moto, come è accaduto ad esempio per la Siambretta, il cui proprietario (Torquato Di Tella) era un italiano che inizialmente contattò Ferdinando Innocenti per produrre tubi e impalcature?
La storia della Fratelli Lujan assomiglia a quella di molte altre imprese argentine dell'epoca. Il nonno era un operaio dei Mulini Bunge & Born di Cordoba mentre la nonna era una maestra elementare. Data però una prole molto numerosa, ben dieci figli, le nostre origini erano senz'altro umili. Nel 1946 due dei dieci fratelli Lujan decidono di licenziarsi dalla fabbrica di trattori agricoli e mezzi fuoristrada IAME dove lavoravano come operai per avviare una micro impresa artigianale nel cortile della casa paterna. Nel volgere di pochi anni tutti gli altri sei fratelli maschi si unirono all'impresa. Inizialmente si dedicavano all'argenteria e alla fabbricazione di imitazioni di antiquariato, poi si specializzarono nella saldatura e iniziarono così a lavorare per le grandi imprese (automobilistiche e meccaniche, ndr) *di Cordoba. La svolta avvenne pochi anni dopo: nel 1951 il governo argentino crea un polo industriale dello Stato con l'obiettivo di fabbricare una moto chiamata Puma, ispirata ad un modello 98 cc della tedesca Sachs.*
Le autorità del ministero convocarono tutte le imprese che erano in grado di riprodurre fedelmente parti della moto: i fratelli Lujan ottennero l'incarico di realizzare il serbatoio e le sospensioni. Fu questo il primo passo che aprì alla Fratelli Lujan le porte del mercato motociclistico. La grande intuizione fu quella di approfittare della relazione di fornitura per chiedere in cambio uno stock di motori 98 e, in seguito, 125 cc.
A partire da quei motori, nacque il primo scooter della Fratelli Lujan, il modello LH: correva l'anno 1957.
Nel 1962 nacque la versione motocarro chiamata Lujancar con cilindrata portata a 200 cc e capacità di carico di 500 kg. La svolta si ebbe però nel 1965, quando il governo argentino privatizzò il polo motociclistico statale di Cordoba: la Fratelli Lujan comprò la fabbrica che produceva le moto Puma e divenne, in un solo colpo, l'impresa leader nel settore delle piccole moto argentine.
A fine 1967, con l'obiettivo di diversificare la produzione, i Lujan viaggiarono in Italia per ottenere la licenza di produrre la mitica bicicletta pieghevole Cinzia (dei fratelli Maccaferri di Bologna, ndr*). Durante questo viaggio restarono folgorati dalla qualità degli scooter Innocenti al punto di prendere immediatamente contatto con la fabbrica di Milano per aggiungere un prodotto di alta gamma alla produzione di moto nazionali. All'origine della relazione tra i Fratelli Lujan e l'Innocenti c'è quindi una bicicletta pieghevole (ride,* ndr*)!*

RO
RDIA

1 Similar a sus hermanas italianas, la 75 SL saldrá pronto a la venta fabricada en Córdoba.

2 La Pumita propone soluciones originales en nuestro medio, bajo precio y 60 km/hora. Puede ser el golazo del año.

3 Motoneta Puma LH. Lineamientos clásicos y motor Sachs 125.

lantero y el tanque de combustible forman una sola unidad bajo el manillar. De ahí para atrás una bicicleta desarmable como para entrar en el baúl de un coche, en la cartera de la dama o el bolsillo del caballero. Pero con un precio excepcional: alrededor de 85/90.000 pesos viejos.

Pero la estrella de Luján Hnos. seguramente será la **Lambretta 75 SL** que sobre licencia italiana Innocenti se lanzará al mercado para mediados de año. Líneas modernas, rodado mediano y caja de cuatro marchas, se sumarán a los 90 Kms. por hora de velocidad máxima, para atraer a los futuros compradores.

Por lo visto, LH no se conforma con ser el tercero en discordia. Ya apunta más alto. Por de pronto los dos nuevos modelos elevarían las cifras de producción en alrededor de 9.000 vehículos por año, según cálculo previo de los fabricantes.

4 La Puma de 5ª Serie continúa la larga tradición de la marca. Desde 1969 es fabricada por Luján Hnos. en Córdoba.

5 La Lambretta 75 SL, de próxima aparición en la Argentina. La trasmisión es a cadena en baño de aceite.

6 Motocarga Lujancar. Motor Guizzo-Luján de 8 HP y 150 cm3 para llevar hasta 300 kg.

Lui around the world: Lui 50/75 Argentina

Argentina always enjoyed a privileged relationship with Innocenti.
In 1948, dozens of Lambretta 125 As were successfully exported to the country with its large Italian immigrant population. In the Fifties, Siambretta produced the D and the LD as well as the 48 moped under licence, becoming one of the nation's leading automotive producers.
It was therefore only natural that Siambretta would be interested in Innocenti's new scooter too.
The idea was that it would be produced under licence, as with the other models, but the project never materialised. The protagonists of this business venture themselves tell the story of how it developed:

Cordoba, Argentina, 24 May 2016
Interview with Luis Marcelo Lujan Jr, the heir to one of the owners of Lujan Hermanos S.A., the Argentine company that between 1968 and 1972 imported and then came close to establishing a full production line in the country for the Lui 50 and the Cometa and Vega 75 (Interview and Italian translation by Roberto Lampa).

Your family has a very interesting business history that began in the light engineering sector and expanded into the production of scooters and motorcycles; could give us a brief outline? In particular, do you know whether the contacts with Innocenti of Milan predated the production of motorcycles, as was the case, for example with Siambretta, the owner of which (Torquato Di Tella) was an Italian who initially contacted Ferdinando Innocenti to produce tubes and scaffolding?
The Lujan Hermanos story resembles that of many other Argentine companies of the era. Our grandfather was a worker with the Bunge & Born mills of Cordoba while our grandmother was an elementary school teacher. However, given their large family with no less than 10 children, our origins were without doubt humble. In 1946, two of the 10 Lujan children decided to resign from the IAME agricultural and off-road vehicle factory where they had been working in order to launch a tiny craft business in the courtyard of the paternal home. Within a few years, all six brothers joined the business. Initially, they devoted themselves to silversmithery and making imitations of antiques, before specialising in welding and beginning to work for major manufacturers (automotive and engineering firms, *N/A*) in Cordoba.
The turning point came a few years later: in 1951, the Argentine government created a state industrial plant with the objective of manufacturing the Puma motorcycle inspired by a German 98 cc Sachs model. To this end, the ministerial authorities contacted all those firms capable of faithfully reproducing parts of the motorcycle: the Lujan brothers were commissioned to produce the fuel tank and the suspension. This was the first step that opened the doors of the motorcycle market to Lujan Hermanos S.A. The firm's great intuition was to take advantage of the supplier relationship to ask in exchange a stock of 98 and subsequently 125 cc engines. In 1957, those engines formed the basis for Lujan Hnos's first scooter, the LH model. 1962 instead saw the launch of the Lujancar delivery truck version that had a displacement of 200 cc and a loading capacity of 500 kg. In 1965, the Argentine government privatised the Cordoba motorcycle plant and Lujan Hnos purchased the factory producing the Puma motorcycles and at a stroke became the market leader in the Argentinian light motorcycle sector. At the end of 1967, with the objective of diversifying production, the Lujan brothers travelled to Italy to obtain a licence for the production of the legendary Cinzia folding bicycle (from the Maccaferri brothers, *N/A*). During this trip they were so impressed by the quality of the Innocenti scooters that they immediately contacted the Milan factory with the intention of adding a high-end model to the Argentine range of motorcycles. Underlying the relationship between Lujan Hermanos and Innocenti there is therefore a folding bicycle (laughs, *N/A*)!

Given the wide range of Innocenti models, why did the brothers choose the Lui? Were they facilitated in obtaining the licence by the fact that 1968 saw the end of the relationship between Innocenti and Siam?
The Lui was chosen thanks to its futuristic styling and its low costs; in short, it was a model that permitted a significant leap forwards in terms of quality but which was technically accessible to our firm. It is important to emphasise that from the outset a model was chosen that could rapidly be produced in Argentina. This was the Lujan brothers' great ambition and it was this that induced them to choose a model that was less difficult to manufacture l ocally. In this sense, we have nothing in common with the philosophy of Torquato Di Tella's Siam company that, with the greatest of respect, simply imported Italian components and assembled them here cheaply. What drove Lujan Hermanos S.A. was the ambition of contributing to the development of a national manufacturing sector and, why not, to the country as a whole. Others were instead only concerned with profiting from commissions and favourable contracts with Italy...

In any case, the first and only batch of Luis to be seen in the country was imported I believe? Do you remember how many scooters were involved, which models, which colours and so on? Was an official dealer network established?
Yes, that's right: they were imported. I don't know the precise number that that at the time (late 1968, *N/A*) I was a 10-year-old child. I only remember that for a number of weeks on display in the factory atrium were at least 10 scooters, both 50 and 75 cc models, all in bright colours (orange, yellow, green). Unfortunately, I don't know how they were sold nor through which dealers (the finding of a Vega 75 in the historic Buenos Aires "Pio Giovannini" dealership suggests that the firm turned to the former Siambretta dealers, *N/A*). I can only think that in total very few examples were actually sold.

We now come to 1972, a crucial year. While in Italy the Lambretta was sadly leaving the scene, in Argentina an article in the magazine *Parabrisas Corsa* announced the imminent production – rather than the importation – of the Lui 75 SL, the Cometa, the most advanced model in technical terms with a four-speed gearbox and automatic mixing. Can you confirm the accuracy of this article? Were you really preparing to produce the scooter locally? If this was so, would you have been using Italian tooling bought from the bankrupt Innocenti or your own machinery?
The article was without doubt accurate. In line with the Lujan Hermanos philosophy I mentioned earlier, from 1968 we worked hard to achieve the objective of manufacturing the Cometa in Argentina. In fact, I'd add, that small batch of Luis was imported exclusively in order to be able to make the moulds and dies necessary to achieve local production. In 1972 we were almost ready to take that step...

Why then did the project not take off? And what happened to those moulds and dies that would today be of great historical and even commercial interest?
The project never materialised because what always happens in Argentina happened: there was a crisis that crippled the country's economy and legal situation. The dies and the moulds were caught up in the Lujan Hermanos bankruptcy proceedings. In 1999, the judge overseeing those proceedings ordered their sale by the kilo and they were sent to a foundry as if they were just any old scrap metal.

Thank you very much for your help and kindness. Would you like to add anything in conclusion to this brief interview?
We should pay tribute to all the commercial exchanges and even those simple attempts to replicate in emerging countries the production and technologies of developed nations such as Italy. In Argentina, unfortunately, the political and economic upheavals and the profound legal uncertainties have always impeded the continuity of any project like of Lujan Hermanos. But the men who with courage and a sense of risk tried still represent an example and a stimulus for improving local production technology and advancing along the path of economic development.

Perché tra i tanti modelli Innocenti la scelta cadde proprio sul Lui? Per ottenere la licenza, furono facilitati dal fatto che proprio nel 1968 terminò la collaborazione tra Innocenti e Siam?
La scelta cadde sul Lui per il suo stile avveniristico e per i bassi costi; per così dire, era un modello che permetteva un enorme balzo in avanti in termini qualitativi ma che era accessibile tecnicamente per la nostra impresa. Importante sottolineare che, sin dall'inizio, si individuò un modello che fosse possibile produrre in Argentina di lì a poco. Era quella la grande ambizione della fratelli Lujan e questo li indusse a scegliere un modello che fosse meno ostico da riprodurre in loco. In questo senso, non abbiamo nulla a che spartire con la filosofia dell'impresa Siam di Torquato Di Tella che, con tutto il rispetto, non faceva altro che importare parti italiane e assemblarle localmente a basso costo. Ciò che animava la Fratelli Lujan era l'ambizione di contribuire allo sviluppo di un'industria nazionale e, perché no, di un intero Paese. Altri invece pensavano solo ad approfittare di commesse e contratti di favore con l'Italia...

In ogni caso il primo ed unico stock di Lui ad entrare nel Paese viene importato, giusto? Si ricorda quanti scooter facevano parte di questa spedizione, quali modelli, colori etc.? Crearono una rete di concessionarie ufficiali?
Sì, esatto: furono importati. Non ne conosco il numero preciso dato che all'epoca (fine 1968, ndr*) ero un bimbo di 10 anni. Ricordo solo che per diverse settimane nella hall della fabbrica facevano bella mostra di sé almeno dieci scooter, sia 50 che 75 cc, tutti di colori sgargianti (arancione, giallo, verde). Purtroppo non so nemmeno dire come furono venduti e attraverso quali concessionarie (il ritrovamento di un Vega 75 nella storica concessionaria di Buenos Aires "Pio Giovannini" farebbe pensare che si appoggiassero alla rete degli ex-concessionari Siambretta,* ndr*).*
Quello che mi sento di ipotizzare è che, in totale, furono vendute davvero poche unità.

Sopra da destra, la prima fabbrica, i Fratelli Lujan e la LH 125, con motore Sachs. Sotto, due Vega 75 importati in Argentina, attualmente restaurati. In basso, l'articolo di Parabrisas dove si annunciava l'imminente produzione del Cometa.

AboveT, from right, the first factory, the Lujan brothers and the LH 125 with a Sachs engine. Bottom, two restored Vega 75s imported to Argentina. The Parabrisas article announcing the imminent production of the Cometa.

Mercado Motociclista
EL TERCERO EN DISCORDIA

Arriviamo così al 1972, un anno cruciale. Mentre in Italia la Lambretta usciva mestamente di scena, in Argentina si annunciava, in un articolo sulla rivista Parabrisas Corsa, **l'imminente produzione – e non l'importazione – del Lui 75 SL, cioè del Cometa, il modello più avanzato sul piano tecnico con cambio a 4 marce e miscelatore automatico. Può confermare la veridicità di quell'articolo? Stavate davvero per iniziare a produrre localmente questo scooter? Se sì, con macchinari italiani comprati dal fallimento Innocenti o con macchine vostre?**
L'articolo è senz'altro veritiero. In linea con la filosofia della Fratelli Lujan che ho menzionato in precedenza, a partire dal 1968 si lavora duramente per arrivare all'obiettivo di produrre in Argentina la Cometa. E anzi, le dirò di più: quel piccolo stock di Lui si importò solo ed esclusivamente per poter costruire gli stampi e le matrici necessari per arrivare alla produzione locale. Nel 1972, eravamo quasi pronti per farlo...

Perché allora quel progetto non si concretizzò? E che cosa accade a quegli stampi e matrici che oggi sarebbero di un grandissimo interesse, perfino commerciale?
Il progetto non si concretizzò perché accadde ciò che sempre accade in Argentina: venne una crisi ed implicò lo sconvolgimento delle condizioni economiche e giuridiche del Paese. Le matrici e gli stampi entrarono nel fallimento della Fratelli Lujan. Nel 1999, il giudice che aveva a carico la procedura fallimentare, ne decretò la vendita al chilogrammo e ceduti ad una fonderia, come fossero solo dei ferri vecchi.

La ringrazio moltissimo per la disponibilità e la gentilezza. Vuole aggiungere qualcosa a conclusione di questa breve intervista?
Bisognerebbe rendere onore a tutti gli scambi commerciali o anche solo ai semplici tentativi di replicare nei Paesi emergenti produzioni e tecnologie dei Paesi sviluppati, come l'Italia. In Argentina, purtroppo, gli sconvolgimenti politici, economici e la forte incertezza giuridica hanno sempre impedito di dare una continuità a qualsiasi progetto come quello della Fratelli Lujan. Ma gli uomini che con coraggio e senso del rischio ci hanno provato rappresentano ancora un esempio e uno stimolo per migliorare la tecnologia della produzione locale ed incamminarci lungo il sentiero dello sviluppo economico.

Il Lui, non va dimenticato, è anche figlio del 1968, quel periodo socialmente travagliato dove si inneggiava alla libertà, al rifiuto della cultura tradizionale, dove i giovani scendevano in piazza al fianco di chi rivendicava i diritti delle classi più deboli. Fu un periodo tumultuoso che sicuramente distrasse il grande pubblico da tutto quello che veniva, spesso sconsideratamente, bollato come superfluo. Ne fecero le spese grandi e piccole industrie, messe in ginocchio da tumulti sindacali che ne bloccavano produzione e sviluppo. E proprio il Lui, moderno e anticonformista per eccellenza, scontò le difficoltà di una Innocenti già avviata ad un inarrestabile declino. L'impegno pubblicitario però rimase importante: "Tutti per Lui, Lui per tutti" suonava benaugurante per il piccolo, rivoluzionario veicolo utilitario che dava un volto nuovo allo scooter tradizionale, con quel motore in bella vista e quell'aspetto minimalista frutto di un design d'autore, "firmato Bertone". Donne giovani e belle gli facevano da contorno in ambientazioni solari ma non scontate; la giovane coppia si godeva il proprio 75 perché era nuovo sotto tutti gli aspetti che si volevano da uno scooter. Ed era protagonista sul palco in manifestazioni di grande importanza, spesso al fianco delle star del momento, come Raffaella Carrà, Patty Pravo e Caterina Caselli. Purtroppo però il Lui non riuscirà ad essere lo scooter degli anni Settanta...

La pubblicità

The cover of the 3J magazine (the Innocenti house organ destined for employees alone) with a fine shot of Nuccio Bertone with, to his left, the general director of Innocenti Ing. Fusaia on the occasion of the press presentation of the Lui.
Below, a group of very young scooter enthusiasts aboard their sparkling Luis during a rally organized by the Mei concessionaire of Lucca.

In alto, la copertina della rivista *3J* (rivista ufficiale della Innocenti destinata ai soli dipendenti) con una bella immagine di Nuccio Bertone con, alla sua sinistra, il direttore generale Innocenti Ing. Fusaia, in occasione della presentazione del Lui alla stampa.
A fianco, un gruppo di giovanissimi scooteristi in sella ai loro fiammanti Lui durate una manifestazione organizzata dalla commissionaria Mei di Lucca.

Advertising

It should not be forgotten that the Lui was also the offspring of the 1968 season, the socially complex period declarations of freedom and the refutation of traditional culture, an era in which young people protested in the piazzas alongside those championing the rights of the most disadvantaged classes. These were tumultuous years that undoubtedly distracted the general public from everything that was, frequently unjustly, labelled as superfluous. Manufacturers large and small paid the price, dragged to their knees by the union struggles that interrupted production and development. The Lui, the modern, non-conformist machine par excellence, appeared just as Innocenti had slipped into its unstoppable decline. Nonetheless, the advertising commitment was considerable. "All for Lui, Lui for all" ran the cheerful slogan for the revolutionary little utility vehicle that gave a new face to the traditional scooter with that boldly exposed engine and that minimalist styling penned by the great Bertone. Young, attractive women accompanied the scooter in sun-drenched but by no means banal settings; the young couple enjoying their 75 that was new in all the areas crucial to a scooter. It was also a protagonist on the world stage in events of great importance, often alongside the stars of the moment such as Raffaella Carrà, Patty Pravo and Caterina Caselli. Unfortunately, however, the Lui was never to become the scooter of the Seventies...

Sopra, una giovanissima Raffaella Carrà posa accanto ad un Lui 75 fine serie per il calendario Lambretta del 1970. Si notino le leve al manubrio con la pallina di sicurezza, tipiche degli esemplari di ultima produzione.
In alto a destra, per presentare il nuovo Lui 75 si ricorse a temi spaziali, tanto di moda in quel periodo, per sottolineare lo stile prettamente futuristico del nuovo scooter Innocenti. Questa foto è stata scattata durante il Convegno Lambretta di Londra del 1968.

Above, a very young Raffaella Carrà poses alongside a late model Lui 75 for the 1970 Lambretta calendar. Note the handlebar levers with safer ball ends, typical of the last examples produced.
Top right, in order to present the new Lui 75 the space themes so popular at the time were chosen to underline the overtly futuristic styling of Innocenti's new scooter. This photo was taken during the Lambretta convention in London in 1968.

Sopra a destra, anche la brava cantante Patty Pravo si presta come testimonial per la presentazione del Lui. A fianco, Caterina Caselli, trionfatrice del Cantagiro 1968, alla serata finale delle premiazioni con Ezio Redaelli, Nuccio Costa e...il Lui!
A destra, per promuovere il nuovo scooter furono indetti concorsi a premi nelle maggiori catene commerciali italiane; in questo caso si trattava della Standa.

Above right, the talented singer Patty Pravo was another celebrity involved in the launch of the Lui. Left, Caterina Caselli, winner of the Cantagiro 1968, at the prize-giving on the final evening with Ezio Redaelli, Nuccio Costa and... the Lui! Right, prize competitions were held to promote the new scooter in the largest Italian shopping centres, in this case a branch of La Standa.

Il Lui in Sardegna

La pubblicità è l'anima del commercio, come recita un vecchio detto, e l'Innocenti sa bene cosa significa una buona campagna pubblicitaria per lanciare un nuovo prodotto. Il Lui è certamente un prodotto speciale che ha bisogno di un altrettanto speciale set fotografico. Il Dott. Zabban, responsabile della fotografia, decide che il posto migliore dove scattare le foto più belle sarà la costa della Sardegna, con il sua caratteristico paesaggio quasi lunare. Tutto il gruppo si sposta sull'incontaminata isola italiana per realizzare quella che sarà una delle più belle campagne fotografiche della Innocenti. Il mare cristallino e le rocce "spaziali" non fanno altro che esaltare le avveniristiche forme del Lui, contornato da un sensuale gruppo di bellissime ragazze vestite con speciali tute futuristiche. Anche degli esperti sub partecipano all'operazione, portando in mare aperto il Lui per alcuni scatti molto suggestivi.

The Lui in Sardinia

As the old saying goes, advertising is the soul of commerce and Innocenti was well aware of what it meant to have an effective advertising campaign for the launch of a new product.
The Lui was without doubt a special product that required an equally special shooting location. Dr. Zabban, the director of photography, decided that the ideal place for taking the best photos would be the coast of Sardinia, with its characteristic, almost lunar landscape.
The whole group moved to the uncontaminated Italian island to create what was to be one of Innocenti's most beautiful visual campaigns. The crystalline water and the "alien" rocks complemented the futuristic shapes of the Lui, surrounded as it was by a sensual group of stunning girls dressed in special space-age tunics.
Expert divers also took part in the operation, carrying the Lui out to sea for some highly evocative shots.

Atmosfera lunare sul set fotografico per promuovere il nuovo scooter Lui. La Innocenti, per la prima volta e forse l'ultima, si affida ad una società esterna per realizzare tutta la campagna pubblicitaria del nuovo prodotto. L'impegno è notevole e le immagini che seguono dimostrano l'accurato lavoro di ricerca degli sfondi per valorizzare al meglio il piccolo Lui.

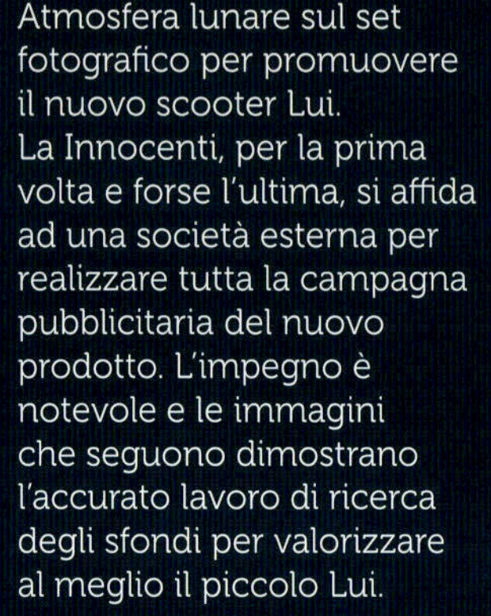

A lunar atmosphere for the photo shoot promoting the new Lui scooter. For perhaps the first and last time Innocenti entrusted an outside firm with the creation of the advertising campaign for the new product. The commitment was notable and the images that came out of it revealed the painstaking search for backdrops that would set off the little Lui to best effect.

Sopra, una dimostrazione chiara che il nostro Lui non era particolarmente pesante! Sotto, il noto fotografo Roberto Zabban, in costume da bagno, segue con cura il posizionamento del Lui durante le fasi di allestimento del set fotografico.

Above, a clear demonstration that our Lui was not particularly heavy!
Below, the well-known photographer Dr. Roberto Zabban in swimming trunks carefully supervises the position of the Lui during the preparation of the set.

Le brochure del Lui

Per il lancio pubblicitario del Lui la Innocenti si prepara con una grandiosa campagna promozionale che investe tutti i media, dal cinema alla scuola, dalla televisione ai giornali e settimanali.

Particolarmente curata è la diffusione delle brochure in tutto il pianeta. Vengono preparati depliant in ogni lingua e in diversi formati, che sarebbero serviti a far conoscere il Lui a tutti gli scooteristi del mondo.

Un imponente sforzo promozionale che non si era mai visto prima per altri modelli Lambretta e che prova la grande aspettativa che aveva l'Innocenti per questo modello innovativo.

Nei testi si ricorda spesso la firma di Bertone, designer di fama mondiale che ha "inventato" il Lui. Una firma autorevole che avrebbe dovuto convincere anche la clientela più tradizionale.

Per sottolineare la modernità del Lui, lo si definisce come lo scooter degli anni Settanta; purtroppo questo slogan non gli porterà molta fortuna, infatti il Lui terminerà la sua produzione proprio nel primo anno di quel tanto reclamizzato decennio.

lui

75s è uno scooter nuovo

Nuovo per la linea: l'ha disegnato lo stilista Bertone in collaborazione con i progettisti della Innocenti.
Nuovo per la tecnica: è il primo "75" della Innocenti progettato sulla base di un'esperienza costruttiva di oltre venti anni nel campo dei motori a due tempi.
Nuovo per le prestazioni: sviluppa una potenza di 5 CV e fa 85 km all'ora!
Nuovo per il temperamento: "eccitante" nella guida sportiva, insuperabile per elasticità e maneggevolezza nel traffico di città.
LUI 75S è prodotto anche nella versione con alimentazione a benzina e lubrificazione forzata ad olio in circuito separato, secondo il sistema LUBEMATIC.

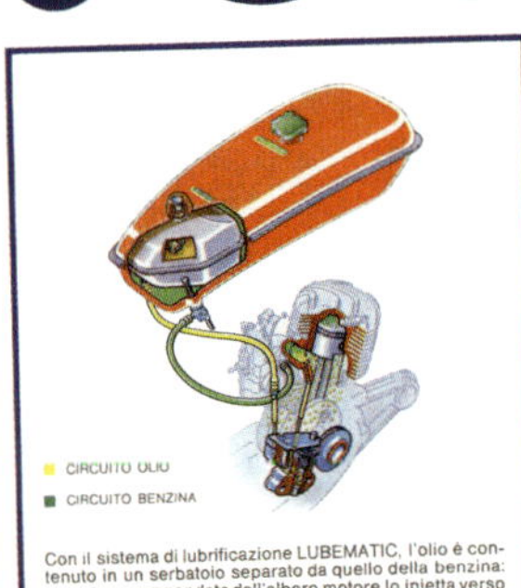

Con il sistema di lubrificazione LUBEMATIC, l'olio è contenuto in un serbatoio separato da quello della benzina: una pompa comandata dall'albero motore lo inietta verso il pistone e gli organi rotanti, dosandolo automaticamente in rapporto alle esigenze del motore ai vari regimi.

Il lancio del Lui prevedeva la distribuzione di una grande quantità di brochure in tutti gli eventi motoristici. L'Innocenti aveva investito molto su questo nuovo prodotto e andava quindi pubblicizzato nel miglior modo possibile. Il nome di Bertone compariva spesso nei testi di presentazione, a garanzia dell'esclusività stilistica di questo nuovo scooter Innocenti.

The launch of the Lui involved the distribution of a great quantity of brochures at all automotive events. Innocenti had invested heavily in this new product and it therefore had to be publicised as well as possible. The Bertone name frequently appeared in the presentation texts, underling the exclusive styling of the new Innocenti scooter.

Brochure

Innocenti prepared a grandiose advertising campaign to promote the launch of the Lui that involved all media, from film to schools, from television to newspapers and magazines.
Particular attention was paid to the distribution of brochures to every corner of the globe. Versions were drafted in all languages and formats that were to serve to introduce the Lui to scooteristi throughout the world.
A similar promotional campaign had never been seen for the other Lambretta models, evidence of Innocenti's great expectations for this innovative model.
The texts frequently mentioned Bertone, the world famous designer and "inventor" of the Lui. An authoritative name that it was hoped would convince even the most traditional of clients.
In order to emphasise the modernity of the Lui, it was defined as the scooter of the Seventies; unfortunately this slogan was never to bring much luck and production of the Lui was actually discontinued in the first year of that decade.

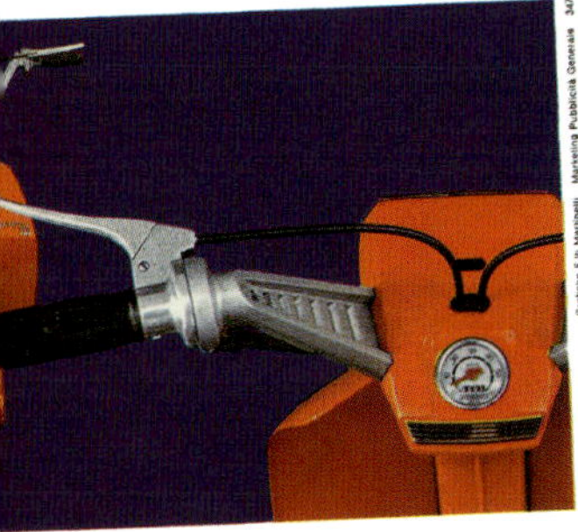

E TECNICHE
rico a due tempi - cilindrata 75 cm³ - potenza massima 5 CV
scela al 2% - a richiesta è disponibile con il sistema di lubrifi-
IC - cambio a 4 marce - telaio tubolare d'acciaio e scocca in
freni a tamburo sulle due ruote - sospensione anteriore con
braccio e bielle oscillanti su molle elicoidali - sospensione
ta dal gruppo motore oscillante su un mollone elicoidale in-
izzatore idraulico - ruote a cerchi scomponibili con pneumatici
ordine di marcia 76 kg - capacità serbatoio 6 litri - consumo
(secondo norme CUNA) - velocità massima 85 km/h.
zioni non sono impegnative, riservandosi la Innocenti il diritto di apportare le modifiche che

INNOCENTI
SOC. GENERALE PER L'INDUSTRIA METALLURGICA E MECCANICA
NO ROMA NEW YORK PARIGI LONDRA CARACAS DÜSSELDORF

La marmitta sportiva, di tipo motociclistico era la protagonista assoluta della parte posteriore del Lui 75. Per molti quattordicenni questa marmitta era la modifica più ambita da montare sul loro 50 CL.

The motorcycle-style sports exhaust was the key feature of the rear section of the Lui 75. For many 14-year-olds this silencer was the most sought-after modification to be made to their 50 CL.

La slogan "lo scooter degli anni '70" non ha portato molta fortuna al Lui 50 CL; in effetti la produzione era già stata sospesa a metà del 1969 e quindi gli anni Settanta non li ha mai visti.

The slogan "the scooter of the '70s" did not do much for the Lui 50 CL; production was actually suspended by mid-1969 and the Seventies never actually saw it.

DIE DREI MODELLE DER SIEBZIGERJAHRE

LAMBRETTA « VEGA » und LAMBRETTA « COMETA »: MOTOR (HUBRAUM 75 CCM) - 90 KM/STD.

Sie sind leistungsstark, besonders temperamentvoll und lassen sich « exciting » fahren; also gerade das, nach dem sich der Sportfahrer sehnt, der in einem Motorfahrzeug nicht nur ein Transportmittel, sondern auch die Befriedigung seiner wettkämpferischen Passion sieht! Die beiden Modelle unterscheiden sich durch das Schmiersystem: Benzin/Öl-Gemisch (2 %) in der Lambretta « VEGA », direkte Brennstoffeinspritzung in der Lambretta « COMETA », die daher, wie bei Automobilen, mit zwei gesonderten Brennstofftanks, je einer für Benzin und für Öl, ausgerostet sind.

LAMBRETTA « LUNA »: MOTOR (HUBRAUM 50 CCM) - 40 KM/STD

Das ideale Leichtkraftrad für die Jüngsten, die auf ein modernes und sparsames Transportmittel Wert legen. Durch sein geringes Gewicht, seine Wendigkeit und mühelose Führung eignet es sich besonders für den weiblichen Kundenkreis. Sein Dreigang-Wechselgetriebe meistert jegliche Steigung: die Direktkupplung ist immerhin so elastisch, dass auch bei Stadtfahrten selten auf einen niedrigeren Gang umgeschaltet werden braucht.

il motorscooter degli anni '70

è un "dream scooter"... uno scooter di sogno

Lambretta 50 CL:
una parola nuova
nel campo delle due ruote.
Anticipa
le soluzioni tecniche
e stilistiche di domani.
Completamente diversa
da ogni altro motorscooter.
Ha una personalità prepotente.
È divertente.
È uno scooter di sogno.
Non occorre
né targa né patente.
Si può guidare anche a 14 anni.

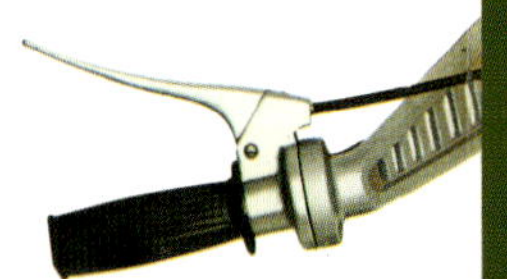

Nata
dalla collaborazione
con uno stilista
famoso nel mondo: Bertone.
Rigorosamente funzionale
come richiedono
i tempi.
Semplice
nella manutenzione
perchè tutto è « a vista ».
Leggera
e maneggevole,
solida e sicura:
è una Lambretta.

Lambretta INNOCENTI 50 cl

Il motore di 50 cc
rappresenta il risultato
di 20 anni
di esperienza costruttiva,
di collaudi senza precedenti
e di continui perfezionamenti
tecnologici.
Compatto, robusto,
generoso:
è stato progettato per durare
a lungo
in perfetta efficienza
in qualunque condizione
di esercizio.

ที่ได้สมญาว่า "แลมเบร็ตต้า" แห่งยุคอวกาศเพราะ

1. ได้ปรับปรุงเป็นแบบกระทัดรัดที่สุด มีขนาดเล็กซึ่งสะดวกแก่การจราจรและหาที่จอดได้ง่าย
2. ตัวรถเบา เด็กและผู้หญิงก็สามารถขับขี่ได้โดยง่าย
3. ทรงตัวได้ดีเยี่ยม เร่งความเร็วได้ทันใจ และไปได้ดีในทุกสภาพของถนน
4. เป็นรถแบบสปอร์ท มีที่กำบังหัวเทียนอย่างมิดชิด ไม่กลัวฝนและน้ำ ตัวเครื่องยนต์เห็นได้ชัดทุกด้าน
5. มีกำบังหน้ารถแบบใหม่ช่วยป้องกันผู้ขับขี่ปลอดภัยจากฝุ่น น้ำและโคลน
6. มีเบาะนิ่มขับขี่สบาย ท่านจะไม่รู้สึกเบื่อหน่ายแม้จะเดินทางไกลแสนไกล

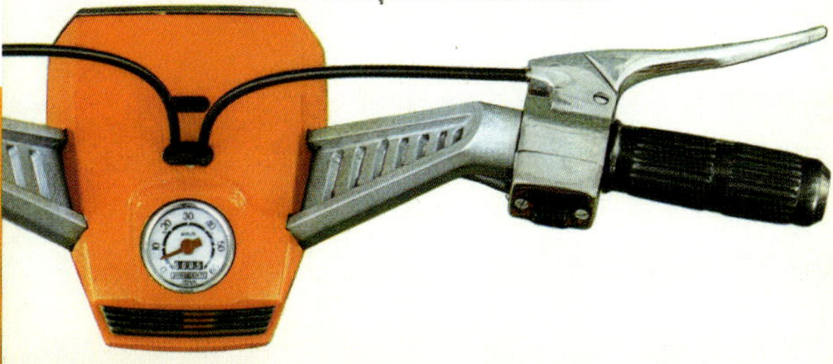

แลมเบร็ตต้าแบบล้ำยุค

เป็นรถนำสมัยทั้งรูปร่างและด้านเท็คนิค ใหม่และไม่ซ้ำแบบใคร ออกแบบโดยนาย "แบรร์โตเน่" นักออกแบบรถยนต์ที่มีชื่อเสียงที่สุดในประเทศอิตาลี ได้รวมเอาความดีเด่นของรถสกูตเตอร์และจักรยานยนต์สองล้อมารวมอยู่ในคันเดียว เป็นรถขนาดเล็กมีน้ำหนักเบา สะดวกแก่การจราจรในปัจจุบัน ชิ้นส่วนทุกชิ้นของตัวรถได้ถูกดัดแปลงให้กระทัดรัด และตัดทอนสิ่งที่ไม่จำเป็นออก เพื่อช่วยให้ทำงานของรถมีประสิทธิภาพดีเยี่ยม

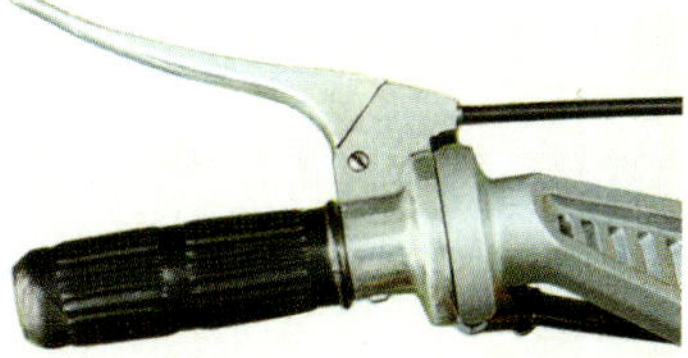

ห้างหุ้นส่วนจำกัด ก๋องกี่มอเตอร์

272 ถนนบริพัตร พระนคร โทร. 28793

A destra, un'originale brochure per il mercato thailandese; per il lancio del Lui la Innocenti aveva preparato depliant in una moltitudine di lingue diverse, per raggiungere il maggior numero di potenziali clienti.
Sotto, una rara pubblicità che mette in risalto la differenza del manubrio tra il C e CL. Normalmente il modello C non era considerato nelle campagne di promozione, forse perché ritenuto troppo economico e poco rappresentativo.

Right, an original brochure for the Thailand market; Innocenti produced launch material for the Lui in a multitude of languages so as to reach the greatest possible number of potential clients.
Below, a rare advertisement showing the difference between the handlebars of the C and the CL. Normally, the C model was all but ignored in the advertising campaigns, perhaps because it was felt to be too cheap and hardly represented the best of the Lui.

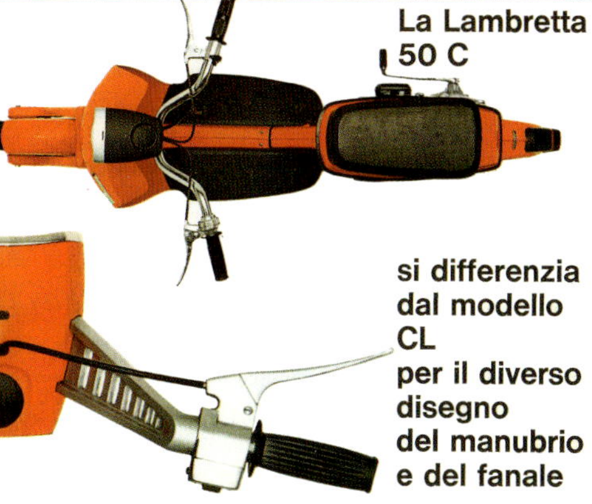

La Lambretta 50 C

si differenzia dal modello CL per il diverso disegno del manubrio e del fanale

Caratteristiche tecniche

motore centrale monocilindrico a due tempi - cilindrata totale 49,8 cc - potenza massima 1,5 CV - alimentazione a miscela al 2 % - cambio a tre marce - telaio a struttura portante in tubo d'acciaio e lamiera saldata - freni a tamburo sulle due ruote - sospensione anteriore a forcella a doppio braccio e bielle oscillanti su molle elicoidali - sospensione posteriore a gruppo motore oscillante su mollone elicoidale ed ammortizzatore telescopico - ruote a cerchi scomponibili con pneumatici 3 x 10 - peso a vuoto in ordine di marcia 68,5 kg. - capacità serbatoio litri 6 - consumo 1,6 litri per 100 km (norme CUNA) - velocità massima 40 km/h (secondo il Codice della Strada). Le informazioni di questo pieghevole sono fornite a titolo indicativo, riservandosi la Innocenti il diritto di apportare le modifiche che ritenesse necessarie.

INNOCENTI

SOC. GENERALE PER L'INDUSTRIA METALLURGICA E MECCANICA

MILANO ROMA NEW YORK PARIS LONDON CARACAS DÜSSELDORF

Bottom, an inside page of a notebook for students with the famous slogan "all for Lui... Lui for all." A series of television shorts were made with some of the leading Italian groups including the Giganti and the Royals.

A destra, pagina interna di un quaderno per studenti con il famoso slogan "tutti per Lui... Lui per tutti". Con questo motto saranno realizzati una serie di short televisivi con alcuni tra i più importanti complessi musicali Italiani, tra cui i Giganti e i Royals.

lui
INNOCENTI
volantino 21x29,7
diapositiva cinema
firmato BERTONE
locandina 33x70
manifesto 70x100

A sinistra, la modesta differenza di prezzo di sole 5.500 lire tra il lussuoso Lui CL e l'economico C non ha certo aiutato le vendite della versione più modesta. E infatti la maggior parte dei Lui 50 C saranno commercializzati sotto forma di premi in concorsi popolari e lotterie locali. Sopra, un esempio di pagine pubblicitarie per i commissionari, da utilizzare durante le campagne di promozione sulle riviste e sui giornali.

Left, the modest price difference of just 5,500 Lire between the well-equipped Lui CL and the economical C hardly helped sales of the cheaper version. In fact, most of the Lui 50 Cs were distributed in the form of prizes in popular draws and local lotteries. Above, an example of advertising pages for concessionaires, to be used during promotional campaigns in magazines and newspapers.

Lui nel mondo

Come tutti i prodotti Innocenti, anche il Lui viene immediatamente lanciato su tutti i mercati mondiali più importanti.
Sfruttando la capillare rete di distributori Lambretta nel mondo, il Lui si fa subito conoscere per le sue inconfondibili doti di semplicità e di modernità.
L'Inghilterra è la nazione dove ottiene maggior successo, complice anche la considerevole fama della Lambretta, *best seller* per molti anni nel Paese anglosassone.
Stranamente in Gran Bretagna viene importato solo il modello di 75 cc, mentre in altri stati si preferisce puntare sulla versione di 50 cc.
A causa dei differenti regolamenti stradali, il Lui 50 viene personalizzato per i diversi stati dove è commercializzato; le varianti più vistose sono sull'impianto elettrico, mentre per il motore vengono allestite diverse versioni che si differenziano per la potenza del motore.
Nella sua pur breve vita il Lui può vantarsi di essere stato il protagonista assoluto di mostre internazionali in cui la Innocenti era l'unica azienda straniera presente: a Mosca, nella terra degli Zar, in Giappone, il Paese del Sol levante e persino a Teheran, nel regno della lontana Persia.
È sempre stato ben accolto e non è mai mancato il parere favorevole della stampa specializzata, normalmente critica sui modelli troppo avveniristici; purtroppo a tutti questi segnali incoraggianti non è seguito quel successo commerciale che la Innocenti si aspettava.
Tutti hanno conosciuto il Lui, dall'Argentina al Vietnam, dall'Australia al Sud Africa ma, sfortunatamente, non ha saputo conquistare il cuore degli scooteristi del mondo.

Con una buona dose di ottimismo veniva dichiarato che il Lui era il veicolo con uno sguardo agli anni 2000. Oggi, a distanza di quasi cinquant'anni, possiamo dire che forse non avevano tutti torti: il Lui è ancora moderno e attuale e non dimostra certo gli anni che ha.

With healthy optimism it was declared that the Lui was the vehicle with a year 2000 look. Today, almost 50 years later, we can say that they were not so far wrong: the Lui is still modern today and certainly does not look its age.

Lui around the world

In common with all Innocenti products, the Lui was immediately launched on all the world's most important markets.
Taking advantage of the capillary network of Lambretta distributors around the globe, the Lui immediately stood out thanks to its unmistakeable qualities of simplicity and modernity.
It achieved greatest success in Great Britain, thanks in part to the Lambrettas' established reputation, best sellers in the UK for many years.
Strangely, only the 75 cc model was imported to Great Britain, while other states preferred to focus on the 50 cc version.
In order to comply with the various highway codes, the Lui 50 was personalised for the diverse states in which it was sold; the most obvious modifications concerned the electrical system, while a number of versions were developed with differing power outputs.
During its brief career, the Lui could boast that it was the protagonist in international shows in which Innocenti was the only foreign company present: in Moscow, in the land of the czars, in Japan, the Land of the Rising Sun and even in Tehran, in the distant kingdom of Persia.
It was always well received and always attracted favourable reviews from the specialist press which was normally critical of particularly futuristic models; unfortunately, despite all these encouraging signals, they were not followed by the commercial success Innocenti expected.
Everyone knows Lui, from Argentina to Vietnam, from Australia to South Africa, but sadly the scooter failed to win the hearts of the world's scooter enthusiasts.

75 S/SL Australia

Nella lontana Australia la Lambretta ha sempre avuto un'importante presenza commerciale.
Già nel 1949 i primi motofurgoncini 125 FB erano commercializzati con successo in quel Paese che aveva già affascinato migliaia di emigranti italiani.
Negli anni Cinquanta la Lambretta è stato uno degli scooter più popolari e apprezzati dal pubblico australiano, merito delle sue superiori doti di affidabilità e robustezza.
Nel 1968 il Lui giunge in Australia seguito da un'importante campagna pubblicitaria che metteva in risalto l'avveniristico design di Bertone, la sicurezza di guida e la sportività del suo motore.
Il modello destinato a questo mercato è il 75, nelle versioni S e SL; la più vistosa caratteristica tecnica che lo distingue da quello per il mercato italiano sono le frecce in stile motociclistico.
Ne esistono due varianti: le prime di forma ovoidale, per le prime 250 prodotte, e poi di sagoma rotonda, di chiara derivazione motociclistica.
Il porta targa sul parafango anteriore completa le specifiche caratteristiche richieste per il mercato australiano.

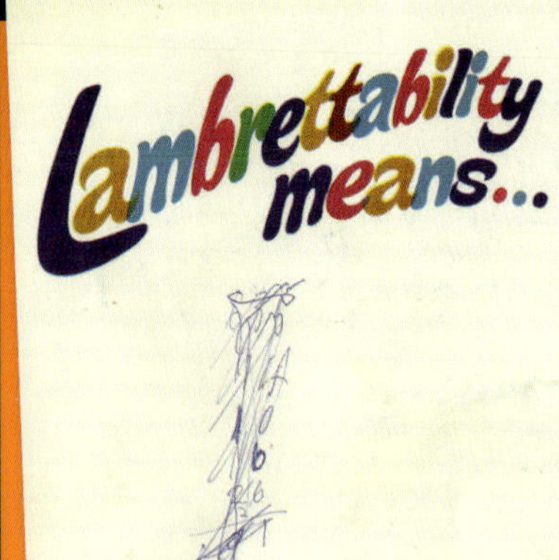

Anche in Australia si focalizza sulla figura di Bertone, come progettista della carrozzeria, e sugli anni 2000 come simbolo di modernità e innovazione.
In quel paese era obbligatoria la targa anche davanti e il Lui dovette adattarsi a questa norma antiestetica.

In Australia too, attention was focussed on Bertone as the designer of the bodywork and the year 2000 as a symbol of modernity and innovation.
In that country the front number plate was obligatory and the Lui had to be adapted to the anti-aesthetic regulation.

Bertone—the world's leading Italian dream car stylist—has given the Lambretta scooter an entirely new concept of two-wheel design. It is the first time that such a talented automotive design team has created a two-wheel dream vehicle.
What, then, is this unbelievably sleek form of transport that is now offered to millions of design-conscious people anxious to travel in the space age.

On the Vehicle with the Year 2000 Look?
As in all space-age projects, the aim has been to miniaturise all components but at the same time improve performance by using very advanced construction techniques.

SPACE-AGE CHARACTERISTICS:

PERFECT BALANCE: Gives you faultless control and road holding at any speed and under any road conditions.

RIDER PROTECTION: As a result of the advanced aerodynamic styling, the rider is well protected from rain, road dirt or low-flying meteorites.

IMPROVED COMPACTNESS: Makes driving and parking the ultimate in simplicity.

ARMCHAIR COMFORT: Everything—from those fantastic handlebars, through the dual seat to that smooth, smooth suspension—has been designed for the utmost comfort even on longer journeys—to the moon, for instance!

LIGHTER WEIGHT: For better manoeuvrability, and it's so easy for the girls to handle.

SIMPLE SERVICE: With all mechanical parts to view and everything so easily accessible, service and routine inspection is fast and extremely economical.

THE LAMBRETTA VEGA 75 AND COMETA 75

Countdown through the gears. First—second—third—fourth—now you and the girl friend are gliding down a highway on your way to the ocean at a cruising speed of well over 50 m.p.h.
Just the job for the sporty would-be astronaut type who wants that extra surge of powerful accleration.

VEGA 75S $290.00
COMETA 75SL $305.00

The Vega and Cometa both have sparkling performances—top speed, 55 m.p.h.—130 m.p.g.
The vital difference is, however, in the lubrication system. The Vega 75 operates on a standard petrol/oil mixture of 2%, whereas the Cometa 75 has the space-age sophistication of an oil injection system which operates automatically from two separate tanks—one pure petrol, one pure oil. They're so cheap to register and insure, too.

LAMBRETTA (AUSTRALASIA) PTY. LTD.
22 Waltham Street, Artarmon, N.S.W. 2064
Telephone: 439.1905/1920/1864. Telex: AA21765

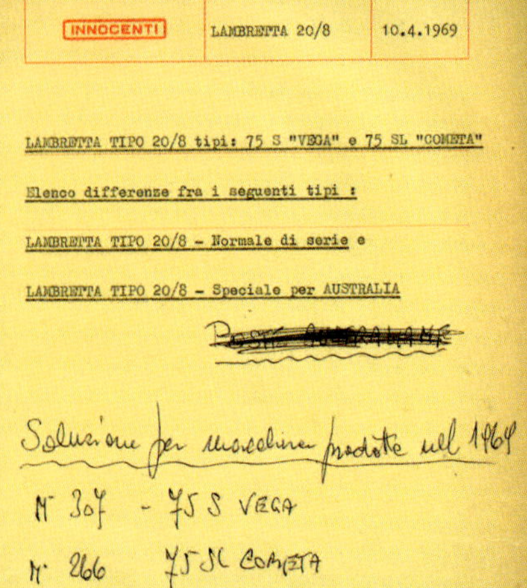

INNOCENTI	LAMBRETTA 20/8	10.4.1969

LAMBRETTA TIPO 20/8 tipi: 75 S "VEGA" e 75 SL "COMETA"

Elenco differenze fra i seguenti tipi :

LAMBRETTA TIPO 20/8 - Normale di serie e

LAMBRETTA TIPO 20/8 - Speciale per AUSTRALIA

Soluzione per macchine prodotte nel 1969
N° 307 - 75 S VEGA
N° 266 75 SL COMETA

Frontespizio della cartella originale Innocenti nella qaule sono specificate le varianti tra il Lui 75 standard e il modello speciale destinato al mercato australiano.

The frontispiece of the original Innocenti brochure specifying the differences between the standard Lui 75 and the special model destined for the Australian market.

75 S/SL Australia

Lambretta had always had a significant market presence in distant Australia.
As early as 1949, the first 125 FB three-wheelers had been successfully sold in a country that had attracted thousands of Italian emigrants.
In the Fifties, the Lambretta was one of the most popular scooters on the Australian market thanks to its superior qualities of reliability and robustness.
In 1968, the Lui arrived in Australia accompanied by a major advertising campaign that drew attention to Bertone's futuristic styling, its safe handling and the sportiness of its engine.
The model destined for this market was the 75 in S and SL versions; the most conspicuous detail that distinguished it from the Italian version was the adoption of motorcycle-style indicators.
Two variants were produced: the first of an ovoid shape for the first 250 examples and then a round design of clearly motorcycle derivation.
The number plate holder on the front mudguard completed the specific requirements for the Australian market.

23.000 chilometri in Lambretta

Questi giovanotti, in viaggio dalla Gran Bretagna all'Australia su Lambretta « LUI » 75 S, hanno incluso anche Milano nel loro itinerario per visitare i nostri stabilimenti.

Gary Butler, Ted Anderson e Ken Burrows, tre australiani della stessa età — 25 anni — sono arrivati a Londra in aereo la primavera scorsa e vi hanno trascorso un lungo periodo di vacanza che però ha intaccato molto i loro averi. Per il ritorno in patria hanno voluto dunque ripiegare su un mezzo di trasporto individuale economico: ecco perché la scelta è caduta su una Lambretta di piccola cilindrata.

All'arrivo a Lambrate avevano già alle spalle 4.000 Km. ma il tratto più lungo e rude verrà dopo, sulle strade della Grecia, della Turchia, dell'Iran, del Pakistan e dell'India. Poi, come se non bastassero alla intraprendenza avventurosa dei tre giovani i chilometri sul vecchio continente euro-asiatico, si imbarcheranno a Colombo (Ceylon) per Perth, nell'Australia Occidentale, da dove avranno ancora 6.000 Km. di strade prima di raggiungere Sydney, meta finale.

Nella fotografia si notano anche le due avvenenti ragazze Judith e Lindell, esse pure australiane, che accompagnano i tre amici soltanto nel tratto più facile del lungo viaggio, fino ad Istambul, e per di più a bordo di una Mini.

Gary Butler, Ted Anderson e Ken Burrows sono stati i tre "matti" che hanno avuto il coraggio di percorrere 23.000 chilometri in sella ai loro Lui 75. Un percorso incredibile dalla Gran Bretagna all'Australia!

Gary Butler, Ted Anderson and Ken Burrows were the three musketeers who had the courage to cover 23,000 kilometres aboard their Lui 75s. An incredible route from Great Britain to Australia!

In questa immagine di tre quarti anteriore si possono ammirare le rarissime frecce che equipaggiavano i modelli australiani e giapponesi. Oggi sono tra gli accessori più costosi e ricercati tra i fanatici possessori del Lui 75.

This front three-quarters view shows the very rare indicators that were fitted to the Australian and Japanese models. Today they are among the most expensive and sought-after accessories among the fanatical Lui 75 owners.

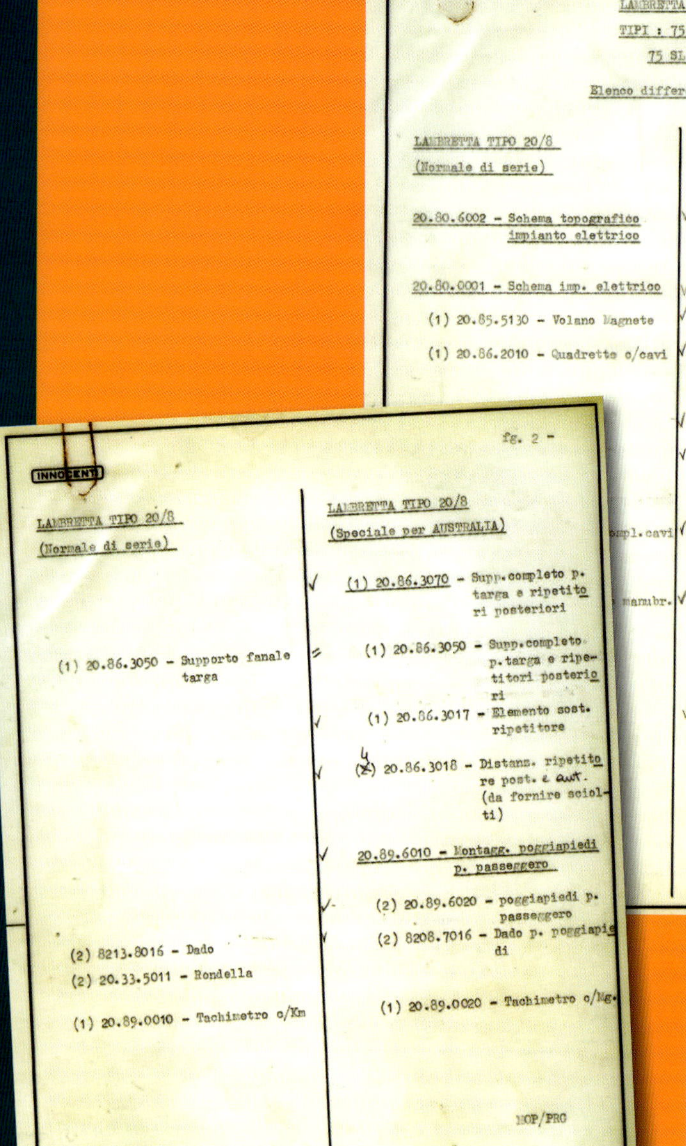

INNOCENTI

10.4.69

LAMBRETTA TIPO 20/8

TIPI : 75 S "V E G A"

75 SL "COMETA"

Elenco differenze fra i seguenti tipi

LAMBRETTA TIPO 20/8 (Normale di serie)	LAMBRETTA TIPO 20/8 (Speciale per AUSTRALIA)
20.80.6002 - Schema topografico impianto elettrico	√ 20.80.0040 - Topografico c/dispositivi nuovi per impianto c/Lampegg. di direzione.
20.80.0001 - Schema imp. elettrico	√ 20.80.0039 - Schema imp. elettrico
(1) 20.85.5130 - Volano Magnete	√ (1) 20.85.5160 - Volano Magnete
(1) 20.86.2010 - Quadrette c/cavi	√ (1) 20.86.2040 - Quadretto c/cavi e deviatore luci direzione
	√ 20.86.2060 - Montaggio protez.intern.
	√ (1) 20.86.2050 - Intermitt. 6 V 10 W
	(1) 19.98.1007 - Custodia per intermittenza
...mpl.cavi	√ (1) 20.86.4030 - Gruppo cavi p.impianto c/lampeggiatori
... manubr.	√ (1) 20.81.0005 - Coperchio manubrio (Differisce dal 20.91.0005 solo per l'aggiunta di n° 2 fori ∅ 8,25).
	√ (1) 20.97.1012 - Rivestimento per guaina gas e cavi elettrici ./.

INNOCENTI

fg. 2 -

LAMBRETTA TIPO 20/8 (Normale di serie)	LAMBRETTA TIPO 20/8 (Speciale per AUSTRALIA)
	√ (1) 20.86.3070 - Supp. completo p. targa e ripetitori posteriori
(1) 20.86.3050 - Supporto fanale targa	= (1) 20.86.3050 - Supp. completo p. targa e ripetitori posteriori
	√ (1) 20.86.3017 - Elemento sost. ripetitore
	√ (4) 20.86.3018 - Distanz. ripetitore post. e ant. (da fornire sciolti)
	√ 20.89.6010 - Montagg. poggiapiedi p. passeggero
	√ (2) 20.89.6020 - poggiapiedi p. passeggero
(2) 8213.8016 - Dado	√ (2) 8208.7016 - Dado p. poggiapiedi
(2) 20.33.5011 - Rondella	
(1) 20.89.0010 - Tachimetro c/Km	(1) 20.89.0020 - Tachimetro c/Mg.

MOP/PRC

Mod. 0443 bis.

Lo stand Innocenti presso l'Australian Motor Cycle Exposition di Sydney del 1969.
Il mercato australiano è sempre stato interessante per la produzione scooteristica Innocenti: già dal 1949 venivano regolarmente importate le Lambretta 125 B e l'originale Motofurgoncino 125 FB.

The Innocenti stand at the 1969 Australian Motor Cycle Exposition in Sydney.
The Australian market was always interesting for Innocenti's scooter range: the Lambretta 125 B and the original 125 FB delivery truck were already being imported from 1949.

A SYDNEY

Notevole successo ha ottenuto la Australian Motor Cycle Exhibition tenutasi due mesi fa a Sydney. Particolare interesse ha riscosso l'attrezzatura situata nel nostro stand, completa di pedana e rulli, per l'addestramento alla guida degli scooters.

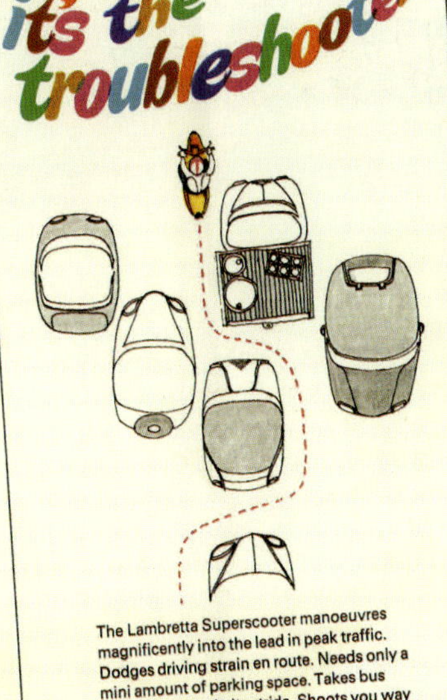

Una pubblicità del Lui 75 nella rara colorazione turchese. In base ai cataloghi originali, il colore turchese era prevalentemente destinato al modello di 50 cc; è comunque provato che i colori potevano essere differenti a seconda delle esigenze commerciali del concessionario locale.

An adverstisement for the Lui 75 in the rare Turquoise livery. On the basis of the original catalogues, the turquoise colour was prevalently destined for the 50 cc model; it has however been demonstrated that the colours could differ depending on the commercial demands from the local dealers.

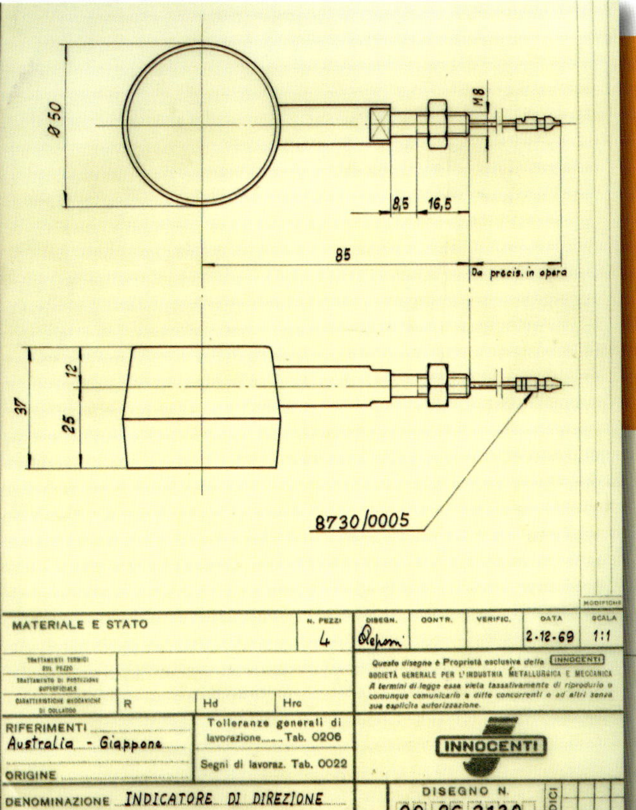

Due interessanti disegni costruttivi per le frecce, da montare sui modelli destinati ai mercati australiano e giapponese. Il modello tondo era quello più comune, mentre il tipo ovoidale era molto raro e realmente difficile da reperire, pur essendo di fattura commerciale.

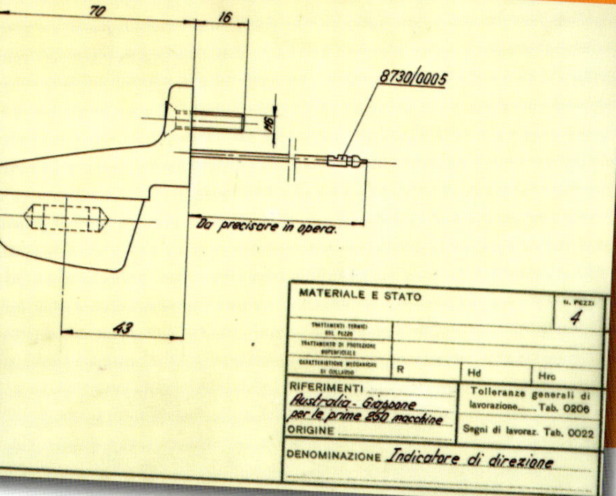

Two interesting engineering drawings for the indicators, to be fitted to the models destine for the Australian and Japanese markets. The round version was the most common, while the ovoid type was very rare and now extremely difficult to find, despite being a stock part.

50 S "lento" Belgio

Per il piccolo stato del Belgio, la Innocenti sviluppa un modello specifico che potesse superare le particolari regolamentazioni in vigore nel Paese. Prima fra tutte le prestazioni, che non dovevano superare i 40 km/h con 1,5 CV massimi di potenza (come d'altra parte anche in Italia).

Viene così allestito un 50 S "lento", che non superasse i limiti richiesti. Per fare ciò, viene modificato il condotto di aspirazione e la carburazione; il tachimetro viene fornito di serie con la scala a 60 km/h e la sella è di serie singola.

Parlare di versione "lenta" quando il Lui 50 era già lento nella versione normale potrebbe sembrare una battuta di cattivo gusto. Invece è stato veramente allestito un modello con appena 1 CV, destinato al mercato belga; non oso pensare che sensazioni si fossero provate a guidare un Lui con un solo cavallino di potenza, forse in bicicletta si faceva prima.

Talking about a "slow" version when the standard Lui 50 was already slow might be considered to be in bad taste. Instead a version with just 1 hp was prepared for the Belgian market; I dread to think what riding a Lui with a single horsepower was like; you might have been better off on a bicycle.

INNOCENTI

3.12.1968

LAMBRETTA TIPO 20/9

Elenco differenze esistenti fra i seguenti
Tipi di macchine

MoP. PRG

Sig. FRAGOLI

LAMBRETTA TIPO 50 S "ESTERO" Soluzione normale	LAMBRETTA TIPO 50 S "LENTO" Soluzione Speciale per i seguenti paesi - B E L G I O
(1) 20.95.5007 - Pipa att. Carburatore	(1) 20.95.5001 - Pipa att. Carburatore
(1) 20.95.5030 - Carburatore	(1) 20.95.5010 - Carburatore
(2) 20.02.1024 - Copertura 3.00.10	(2) 20.42.1024 - Copertura 3 X 10
(1) 20.88.2010 - Sella Biposto compl. di (1)20.88.2006 - Targhetta	(1) 20.98.0010 - Sella
(1) 20.99.0010 - Tachimetro Km 0 ÷ 60	(1) 21.08.7010 - Tachimetro Km 0 ÷ 60
	20.900078 - SCHEMA MARCATURA TELAIO E APPLICAZIONE TARGHETTA "BELGIO"
	(1) 2099 8012 - TARGHETTA "BELGIO"

MOP/PRG

INNOCENTI

LAMBRETTA TIPO 20/9

ELENCO DIFFERENZE FRA:

LAMBRETTA TIPO 50 S "ESTERO"

LAMBRETTA TIPO 50 S "LENTO" - B E L G I O

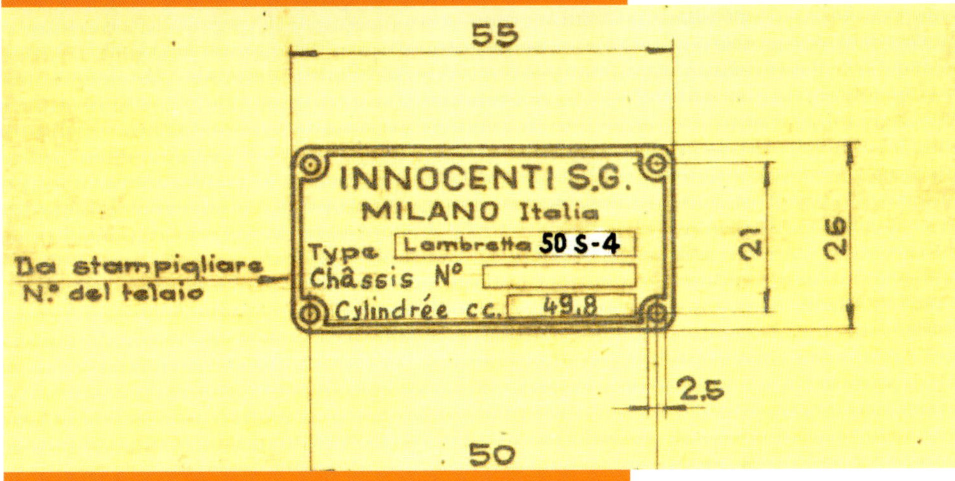

50 S "slow" Belgium

Innocenti developed a specific model for the small state of Belgium that would meet the specific regulations in force in the country. First and foremost, scooters could not exceed 40 kph and could have a maximum power output of 1.5 hp (as in Italy for that matter).
A 50 S "slow" was therefore prepared that could not exceed the speed limit imposed. The intake manifold and the carburetion were modified accordingly; a 60 kph speedometer was fitted as standard, as was a single short saddle.

Disegni costruttivi originali della targhetta di identificazione del telaio (in francese) e la sua posizione dove fissarlo. Per alcuni mercati esteri la targhetta era obbligatoria, anche se c'era la punzonatura originale sulla parte sinistra del telaio.

Original engineering drawings for the frame identification plate (in French) and the position where it was to be attached. For certain foreign markets the plate was obligatory, even though the number was already stamped on the lower left-hand side of the frame.

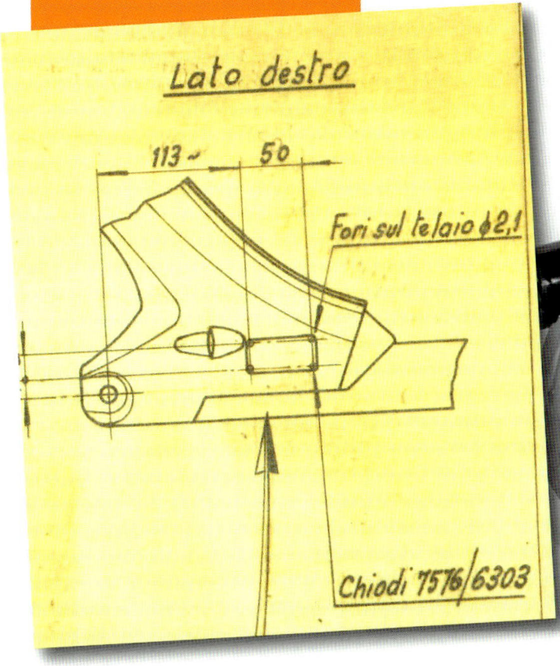

75 S / 75 SL Finlandia

Il Lui non conosce confini e anche nella fredda Finlandia conquista una discreta fama tra i giovani scooteristi. Le modifiche richieste da questo Paese sono poche e riguardano solo il bloccasterzo (del tipo tedesco Neimann) e le molle della forcella anteriore, rinforzate e con escursione limitata. Il resto rimane pressoché invariato.

75 S / 75 SL Finland

The Lui recognised no borders and even enjoyed considerable success among the young scooter fans in chilly Finland. The modifications required by this country were minor and concerned the steering lock (of the German Neimann type) and the front fork springs that were reinforced and had a limited travel. The rest was virtually unchanged.

INNOCENTI

13.2.1970

ELENCO DIFFERENZE ESISTENTI FRA I SEGUENTI TIPI DI MACCHINE

Lambretta tipo 75 S e 75 SL Normale di serie	Lambretta tipo 75 S e 75 SL Per " FINLANDIA " con antifurto speciale Tipo GERMANIA
20.90.2005 - Ass.forcella ant.	20.90.2007 - Ass.forcella ant.
(1) 20.92.0070 - Forcella ant.	(1) 20.92.0050 - Forcella ant.
(1) 20.92.0013 - Asta per forcella	(1) 20.92.0036 - Asta per forcella
(1) 20.92.0048 - Limitatore	(1) 20.92.0022 - Limitatore
(1) 20.93.0010 - Costola completa	(1) 20.93.0070 - Costola completa
(1) 20.93.0012 - Semicostola des.	(1) 20.93.0049 - Semicostola des.
(1) 20.93.0090 - Assieme telaio	(1) 20.93.0080 - Assieme telaio
(1) 20.93.0052 - Cannotto	(1) 20.93.0048 - Cannotto
(1) 20.99.4010 - Serratura antifurto	(1) 20.99.4020 - Serratura antif.
	(1) 20.93.0051 - Chiusura feritoia
	(3) 7177.6206 - Viti fiss.chiusura

INNOCENTI | LAMBRETTA 75 | 13.2.70

ELENCO DIFFERENZE ESISTENTI FRA I SEGUENTI TIPI DI MACCHINE:

Lambretta tipo 75 S e 75 SL - Normale di serie e

Lambretta tipo 75 S e 75 SL per "FINLANDIA" con antifurto speciale tipo GERMANIA

Elenco delle specifiche tecniche per il modello destinato alla Finlandia; da notare che la data impressa sul documento è del 13-2-1970, quando il Lui 50 era già fuori produzione da ben otto mesi. È probabile che, per smaltire le scorte in magazzino, si fosse tentata un'ultima possibilità offrendo versioni specifiche per dei mercati tradizionalmente poco motociclistici come la Finlandia.

A list of the technical specifications for the model destined for Finland; note the date on the document is 13 February 1970, when the Lui 50 had already been out of production for the past eight months. It is probable that in order to dispose of the stocks, a final attempt was made to offer specific versions for markets such as Finland that had little in the way of motorcycling traditions.

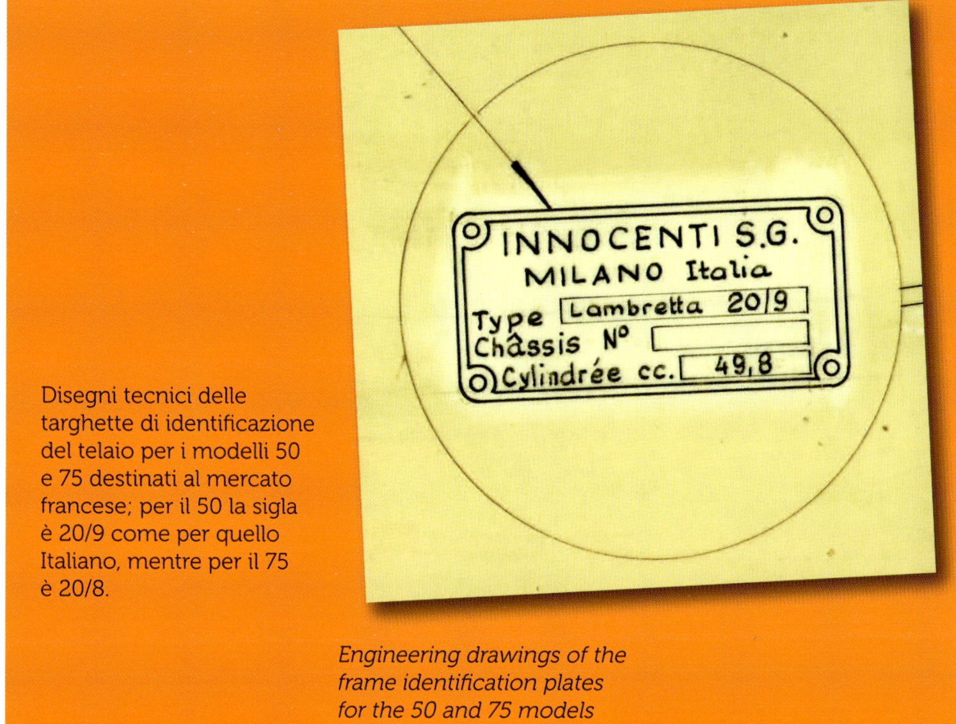

Disegni tecnici delle targhette di identificazione del telaio per i modelli 50 e 75 destinati al mercato francese; per il 50 la sigla è 20/9 come per quello Italiano, mentre per il 75 è 20/8.

Engineering drawings of the frame identification plates for the 50 and 75 models destined for the French market; the model designation for the 50 was 20/9 as with the Italian version, while for the 75 it was 20/8.

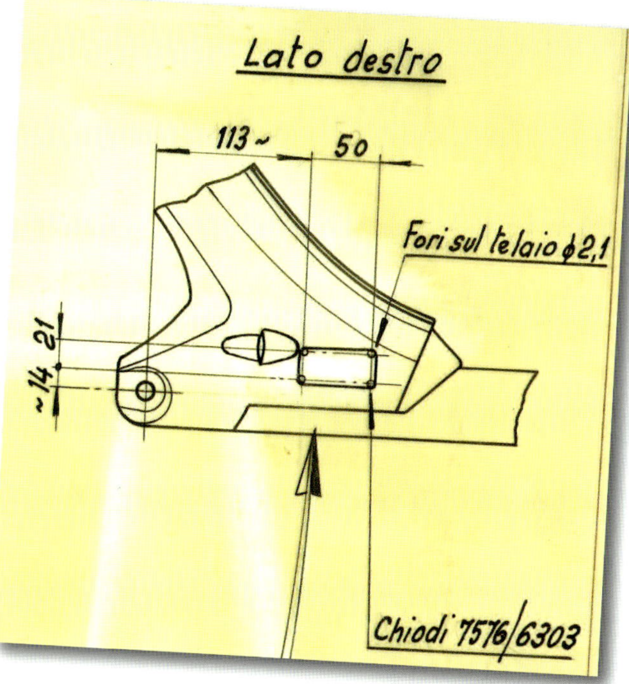

50/75 Francia

Per il vicino mercato francese il Lui viene commercializzato con le stesse caratteristiche tecniche della versione italiana.
L'unica differenza degna di nota è l'applicazione della targhetta identificativa sulla parte destra del telaio. Il numero di esemplari venduti in questo Paese è stato decisamente modesto.

50/75 France

On the neighbouring French market the Lui was sold with the same technical specification as the Italian version. The only difference worthy of note was the fitting of the identification plate on the right-hand side of the frame. The number of examples sold in France was decidedly modest.

Lui Germania

Per il mercato tedesco il Lui riceve alcune importanti modifiche tecniche ed estetiche che lo caratterizzano a prima vista rispetto agli altri modelli destinati all'estero. Esteriormente le differenze più sostanziali riguardano l'applicazione di un bordo antiurto in gomma nera sul bordo scudo e sulla parte frontale del parafango anteriore. Il bloccasterzo è di fabbricazione Neimann, con il corpo saldato al telaio; con questa modifica, il buco sul tunnel è stato allungato per poter montare più agevolmente la carenatura interna.
L'impianto elettrico è semplificato eliminando il claxon elettrico, perché in Germania la legge prevedeva che i ciclomotori dovessero avere il campanello da bicicletta. Il fanale posteriore è simile al 75 ma con una sola lampadina e normalmente monta la sella lunga biposto.
Il numero di telaio è stampato sul lato destro del telaio vicino alla targhetta di identificazione.
Il motore non riceve nessuna modifica degna di nota e ha praticamente le stesse prestazioni dei modelli italiani: 1,5 cv e 40 km/h.
Il codice assegnato a questo modello è: 50 S-4.
Il modello 75 adotta le stesse modifiche del 50, ma con il faro posteriore a due luci e il claxon elettrico. La targhetta di identificazione ha il codice 20/8.

INNOCENTI

fg.2)

Lambretta tipo 50 CL

(2) 20.42.1024 - Coperture 3 x 10"
(2) 20.92.1040 - Ceppo con guarnizione
(2) 20.92.1015 - Guarnizione ceppo
(2) 20.95.7040 - Ceppo con guarnizione
(2) 20.12.1015 - Guarnizione ceppi
(1) 20.93.0020 - Scudo pedana compl.
(1) 20.93.0003 - Scudo pedana
(1) 20.93.4040 - targhetta " 50 CL "
(1) 20.93.4013 - Dicitura " LUI "
(1) 20.98.0010 - Sella
(1) 20.99.0050 - Coperch.chiusura sede
(1) 20.92.1004 - Distanziale

Lambretta tipo 50 " GERMANIA "

(2) 20.02.1024 - Coperture 3.00 x 10"
(2) 20.92.1050 - Ceppo con guarnizione
(2) 20.92.1016 - Guarnizione ceppo (Tipo FERODO E 283/1)
(2) 20.95.7050 - Ceppo c/guarnizione
(2) 20.95.7011 - Guarnizione ceppo (Tipo FERODO E 283/1)
(1) 20.93.4070 - Mont.dicit.targa scudo
(1) 20.93.0050 - Scudo pedana compl.
(1) 20.93.0046 - Scudo pedana
(1) 20.93.4080 - Dicitura " Lambretta "
(1) 20.93.4015 - Dicutura " LUNA "
(2) 20.93.4018 - Profilato cont.scudo
(4) 20.93.4019 - Terminale p.profilato
(1) 20.88.2010 - Sella biposto compl.d
(1) 20.88.2006 - Targhetta
(1) 20.99.8009 - Targhetta "Germania"
(4) 7576.6303 - Chiodini fiss. targh.
(1) 21.08.7010 - Tachimetro c/Km.
(1) 20.99.0003 - Manicotto p.trasm.tach.
(1) 20.99.0030 - Trasmissione fless.
(1) 20.99.0040 - Rinvio ad angolo
(1) 20.97.3004 - Passacavo p. trasmiss.
(1) 8142.8252 - Vite fiss.passacavo

./.

16/9/1968

L'allegata variante N° 1, ANNULLA E SOSTITUISCE l'ELENCO DIFFERENZE fra i seguenti tipi di macchine:
LAMBRETTA TIPO 50 CL e LAMBRETTA TIPO 50 Germania, in data 30/7/1968, già in Vostre mani.

MOP/PRG

2

Per la Germania, importante mercato per la produzione Lambretta, si pensa subito ad un modello specifico: le date del 30/7 e poi del 16/9 indicano che la Innocenti si era mossa immediatamente per non perdere l'occasione di proporre il Lui sul ricco mercato motociclistico tedesco.

A specific version was immediately prepared for Germany, an important market for the Lambretta range: the dates 30/7 and 16/9 show that Innocenti moved swiftly to offer the Lui on the rich German two-wheeler market.

Particolare del Lui 50 S-4 esposto al Salone di Colonia; si nota chiaramente il bordo scudo e il bordino sul parafango in plastica nera che contraddistingueva il modello destinato al mercato tedesco.

A detail of the Lui 50 S-4 exhibited at the Cologne Motorcycle show: note the dark leg shield edge and the black plastic trim on the mudguard that distinguished the model destined for the German market.

Lui Germany

The Lui received a number of major technical and stylistic modifications for the German market that immediately distinguished this version from the others destined for foreign markets.
Externally, the most substantial differences concerned the application of black rubber protective trim to the leg shield edge and the front part of the front mudguard.
A Neimann steering lock was fitted with the body welded to the frame; with this modification, the hole on the tunnel was lengthened to facilitate mounting of the internal fairing.
The electrical system was simplified by eliminating the electric horn as the German legislation required the fitting of a bicycle bell. The rear light was similar to the 75 but with a single bulb, while the two-seater long saddle was usually fitted.
The frame number was stamped on the right-hand side, close to the identification plate.
The engine did not receive any significant modifications and performance was virtually identical to that of the Italian models: 1.5 hp and 40 kph.
The model was designated as the 50 S-4.
The 75 model received the same modifications as the 50, but with the twin-bulb rear light and the electric horn. The identification plate carried the code 20/8.

MOSTRE

La Innocenti alla I.F.M.A. 1968 di Colonia

Alla esposizone Internazionale del Ciclo e Motociclo 1968 di Colonia, la INNOCENTI era presente con tutta la sua produzione, ed ha lanciato in forma mondiale tre tipi di moto-veicoli derivati dall'ormai apprezzato « Lui » e principalmente destinati ai mercati esteri.
Più precisamente, sono stati presentati i veicoli a due ruote denominati: - 50 S - un tipo di motoveicolo da 50 cc. in varie versioni destinate alla esportazione; - 75 S - motoveicolo derivato dal « Lui » con 75 cc. di cilindrata che sarà presentato in Italia prossimamente: - 75 SL - veicolo identico a quello di cui sopra, ma dotato di iniettore automatico dell'olio (sistema LUBEMATIC) atto a soddisfare le esigenze dei mercati stranieri ove non esistono i distributori automatici della miscela come in Italia.
La INNOCENTI ha presentato i suoi nuovi modelli in anteprima, rispetto alla apertura della Esposizione, a tutti i suoi Agenti Europei convenuti a Colonia per una riunione. Nella foto qui sopra, l'Assistente alla Direzione Commerciale Motori, Dr. Caldani, mentre illustra agli agenti europei le caratteristiche dei nuovi modelli.

To the International Exhibition of Cycle and Motocycle 1968 held in Cologne, Innocenti presented all its production and launched all over the world three types of motocycle derived from the well known "Lui" and intended mainly for foreign markets.
Namely, two wheeled vehicles, called:
50 S - *50 cc. type, various models bound for exportation*
75 S - *75 cc. type, derived by "Lui" to be presented in Italy shortly*
75 SL - *identical to 75 S but with automatic oil mixture injectors, designed to satisfy the exigencies of foreign markets where no automatic distributors are available.*
Innocenti presented its new models before the opening of the Exhibition to all its European Agents present in Cologne for a meeting.
On the above photo, Mr. Caldani, Deputy Director of the Motors Sales Division, while illustrating the characteristics of the new models, to the European Agents.

8

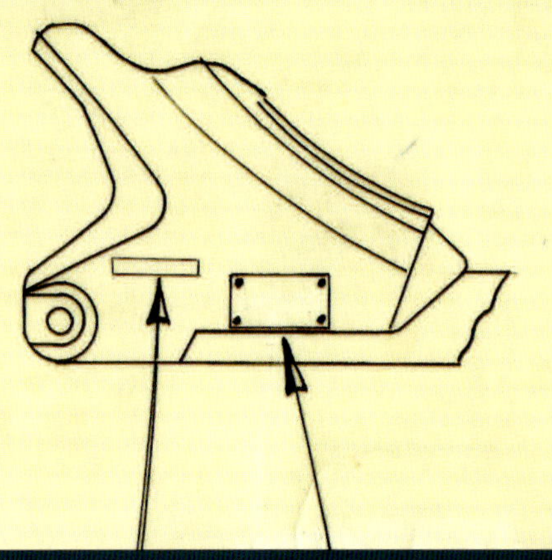

Zu sehen auf der
rechten seite

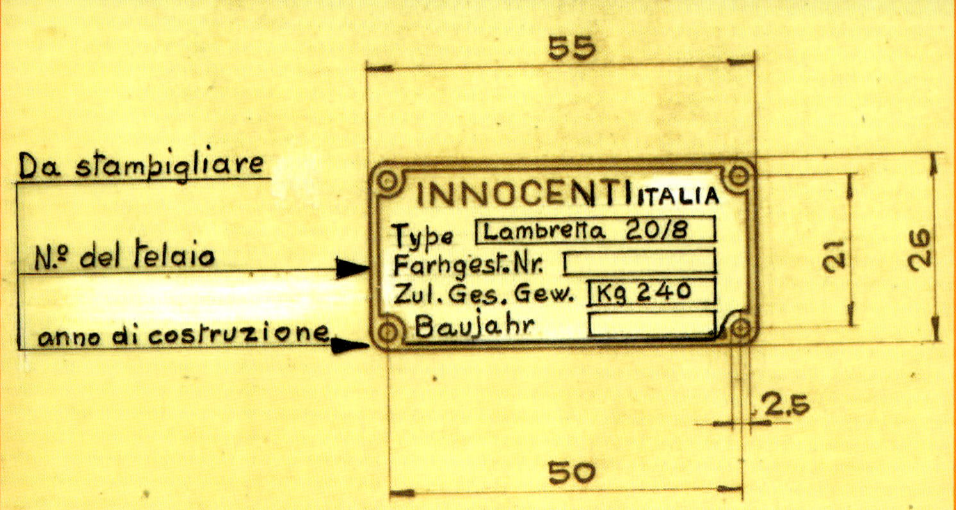

55
Da stampigliare
N.º del telaio
anno di costruzione
INNOCENTI ITALIA
Type Lambretta 20/8
Farhgest.Nr.
Zul.Ges.Gew. Kg 240
Baujahr
21
26
2.5
50

INFORMATION
lambretta
INNOCENTI
Restaurant
JUNG
LINIE DER

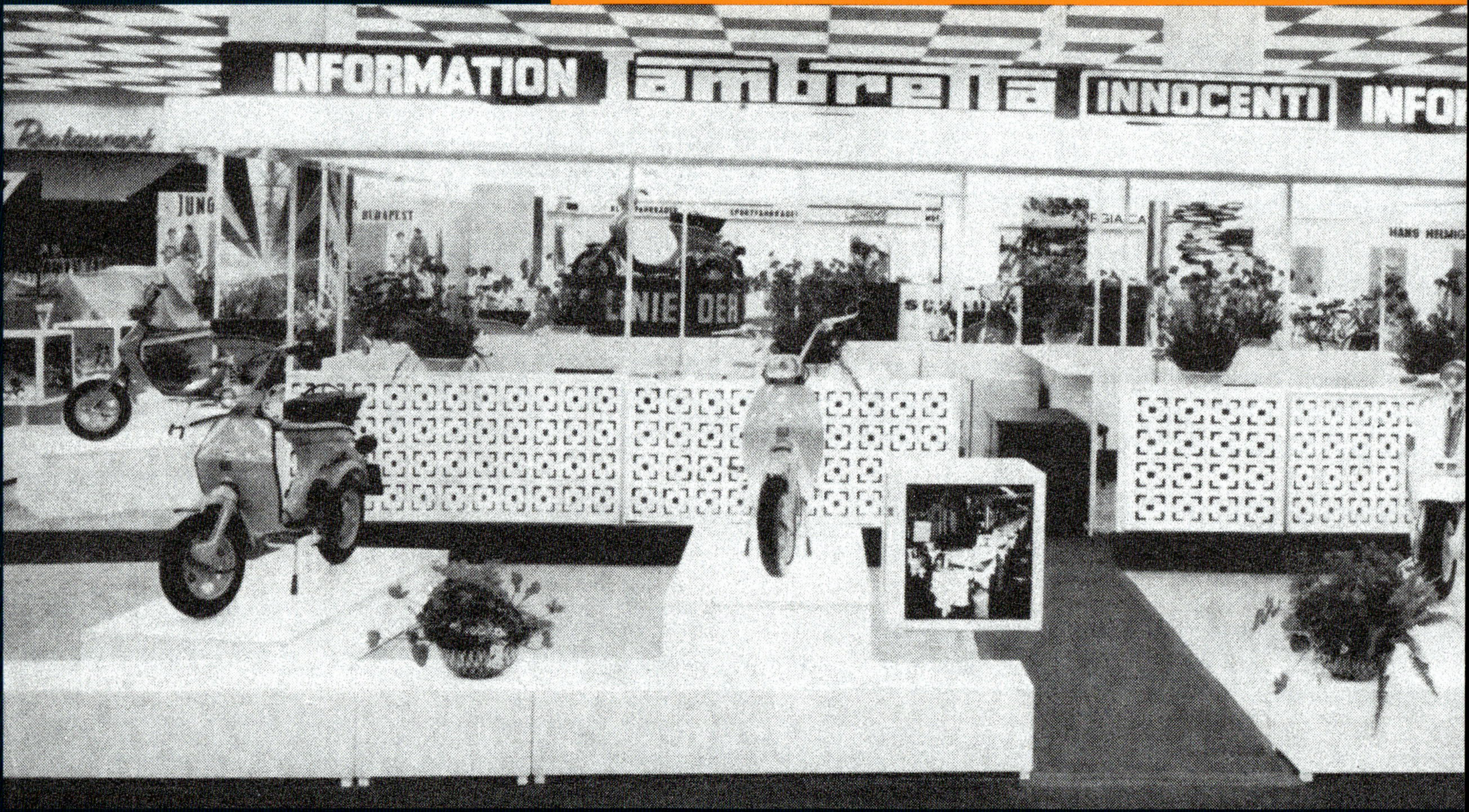

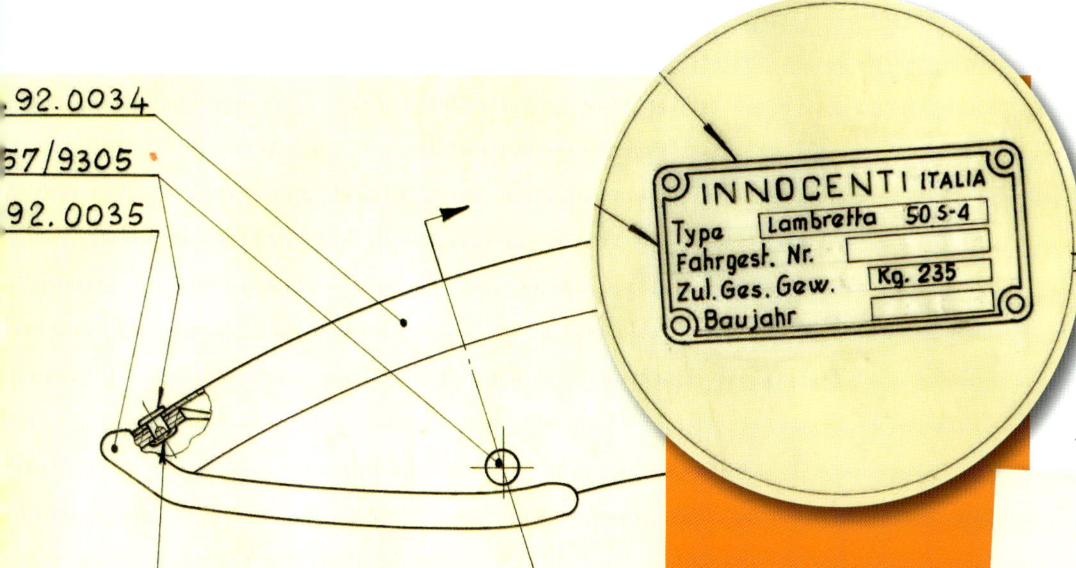

All'esposizione Internazionale del Ciclo e Motociclo di Colonia del 1968 la Innocenti si presenta in forze, con uno stand di grandi dimensioni e di forte impatto visivo. Protagonisti della fiera erano i nuovissimi tre modelli Lui 50 S-75 S-75 SL, presentati in esclusiva mondiale proprio in quella importante manifestazione.

Sotto, disegno costruttivo dello speciale bloccasterzo tipo Neiman richiesto dalle rigide normative tedesche.

Nella pagina a fianco, specifica della posizione della targhetta di identificazione e del numero di telaio, che doveva essere punzonato dalla stessa parte e non sul lato sinistro come quelli normalmente venduti.

CORSA 6 5,5 33

N° 2 chiavi in acciaio oppure ottone R = 50 Kg/mm² Nichelato 20.99.4002 (20.99.4020)

Il numero dovrà essere stampigliato sulla chiave e sul blocchetto della serratura.

Tipo approvato: Neiman-M 0319/I

La chiave deve essere estraibile sia nella posizione di aperto che di chiuso

Di commercio

Innocenti was present in full force at the 1968 Cologne International Cycle and Motorcycle show with a large stand of great visual impact. The protagonists of the show were the three brand new Lui 50 S-75 S-≠75 SL models presented for the first time at that important event.

Below, an engineering drawing of the Neiman-type steering lock required by the strict German regulations.

On the facing page, specifications for the positioning of the identification plate and the frame number which was to be stamped on the same side and not on the left as usual.

75 S-SL Giappone

Con il Paese del Sol Levante, l'Innocenti non ha mai avuto buoni rapporti commerciali. In Giappone erano presenti fabbriche di scooter molto importanti (si veda la Fuji e la Mitsubishi) che avevano di fatto monopolizzato il mercato delle piccole ruote.

Ciò nonostante, la direzione della Innocenti crede che il nuovo modello Lui possa essere adatto a quel tipo di mercato e possa far diffondere il marchio Innocenti anche il quel Paese, particolare e molto protettivo.

Per una presentazione in pompa magna, la Innocenti decide di allestire uno stand al 15° Motor Show di Tokyo, dove sarà l'unica azienda straniera presente!

Per questo speciale evento sono allestiti due Lui 75 in colorazione floreale, che dovranno stupire il quanto mai curioso pubblico giapponese.

E un grande successo è stato, con migliaia di appassionati che hanno fatto la fila per poter ammirare la ricca produzione scooteristica Innocenti e persino il principe Akihito ha voluto visitare lo stand italiano, apprezzando con entusiasmo la variopinta esposizione.

Purtroppo, a questo grande fervore, non è seguita un'adeguata campagna promozionale: forse la delicata situazione aziendale ne è stata la causa. Certo si è persa una buona occasione per conquistare un mercato dalle grandi potenzialità.

Per il Giappone, come per l'Australia, il Lui è commercializzato solo nella cilindrata di 75 e sempre con le frecce direzionali (si veda in proposito il capitolo Australia).

Le due preziose foto Polaroid a colori, trovate fortunosamente all'interno dello stabilimento, che ritraggono i due Lui "floreali" prima della loro partenza per il Paese del Sol Levante. Di recente è stato ritrovata in Giappone la versione di sinistra, ancora in buono stato di conservazione. Dove sarà finito l'altro modello? Speriamo che esista ancora e che venga presto riscoperto da qualche collezionista giapponese.

The two invaluable colour Polaroids found by chance in the factory that portray the two "floral" Luis prior to their departure for the Land of the Rising Sun. The version on the left has recently been found in Japan still in good condition. What has happened to the other one? Let's hope it's still around waiting to rediscovered by a Japanese collector.

75 S-SL Giappone

Innocenti had never enjoyed profitable commercial relationships with the Land of the Rising Sun. Japan boasted a number major scooter manufacturers (including Fuji and Mitsubishi) that had effectively monopolised the small-wheel market.

Nonetheless, Innocenti's management believed that the new Lui model might be suitable for the Japan and could help establish the Innocenti marque there despite its protectionist policies.

In order to present the model in grand style, Innocenti took a stand at the 15th Tokyo Motor Show where it was to be sole foreign company present!

For this special event two Lui 75's were prepared with a floral livery that was designed to stun the particularly curious Japanese public.

It was a great a success, with thousands of enthusiasts queuing to admire Innocenti's extensive scooter range, with even Prince Akihito insisting on visiting the Italian stand and showing wholehearted appreciation for the colourful display.

Unfortunately, this initial excitement was not followed up with an adequate advertising campaign, perhaps due to Innocenti's delicate corporate situation. What is certain is that a good opportunity was missed to make inroads on a market with great potential.

In Japan, just like Australia, the Lui was sold only in 75 cc form and was always fitted with indicators (see the Australia chapter).

Lui Inghilterra

L'Inghilterra è stato da sempre, per la Innocenti, il secondo mercato mondiale dopo l'Italia.

Negli anni Cinquanta e Sessanta decine di migliaia di Lambretta hanno oltrepassato lo stretto della Manica per essere vendute con successo alla competente ed esigente clientela britannica.

Ancora oggi la Gran Bretagna annovera il più importante Lambretta Club del mondo, che raccoglie gli appassionati più "maniaci" per tutti i modelli Lambretta, nessuno escluso!

Anche il Lui è stato accolto con entusiasmo da quel pubblico, le recensioni sulle riviste specializzate sono state più che lusinghiere e le vendite hanno avuto ottimi risultati.

Sicuramente è stato il Paese che ha gradito di più il Lui, che lo ha capito e che lo ha apprezzato in tutte le sue pregevoli doti di semplicità, modernità ed economicità.

I modelli venduti in Inghilterra sono stati il Vega e il Cometa di 75 cc; pochi esemplari sono stati commercializzati anche con le frecce, come ad esempio quelli destinati al mercato australiano.

Per il resto, a parte la scritta, il modello rispecchiava integralmente la versione 75 S-SL venduta in Italia.

Come per l'Australia, anche per l'Inghilterra la circolazione su strada prevedeva l'obbligo della targa anteriore. In questo caso era applicata direttamente sullo scudo, deturpando gravemente la bellissima sagoma disegnata da Bertone. Notare il carattere delle lettere utilizzato sulla brochure, che non faceva parte degli stili ideati dalla Innocenti per la commercializzazione del Lui.

Lui Great Britain

Great Britain was always Innocenti's second most important market after Italy.
In the Fifties and Sixties, dozens of Lambrettas were ferried across the English Channel and successfully sold to the knowledgeable and demanding British clientele. Still today, Great Britain boasts one of the most important Lambretta clubs in the world, bringing together the most "maniacal" enthusiasts of all things Lambretta.
The Lui was also enthusiastically received by this public, with reviews in the specialist being particularly flattering and sales going extremely well.
This was without doubt the country that thought best of Lui, that understood it and appreciated all its considerable qualities of simplicity, modernity and economy.
The models offered in Great Britain were the 75 cc Vega and Cometa; a few examples were sold with indicators like for example those destined for the Australian market.
Otherwise, apart from the badging, the model faithfully replicated the specification of the 75 S-SL sold in Italy.

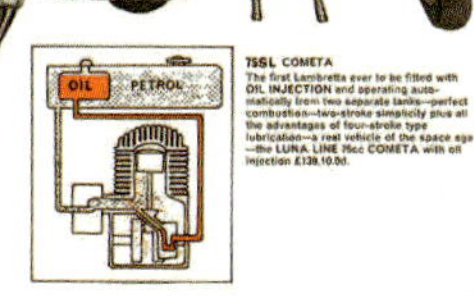

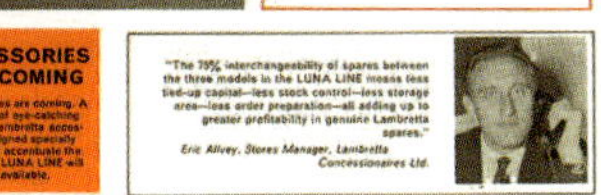

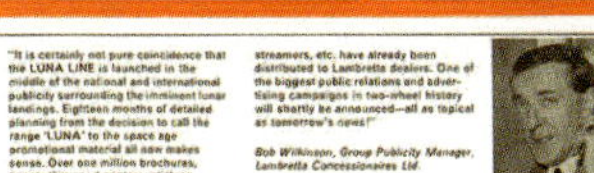

As in Australia, Great Britain required scooters to be fitted with a front number plate. In this case it was applied directly to the leg shield, ruining the beautiful Bertone styling.
Note the font used for the lettering of the brochure that was not part of Innocenti's design concept for the Lui.

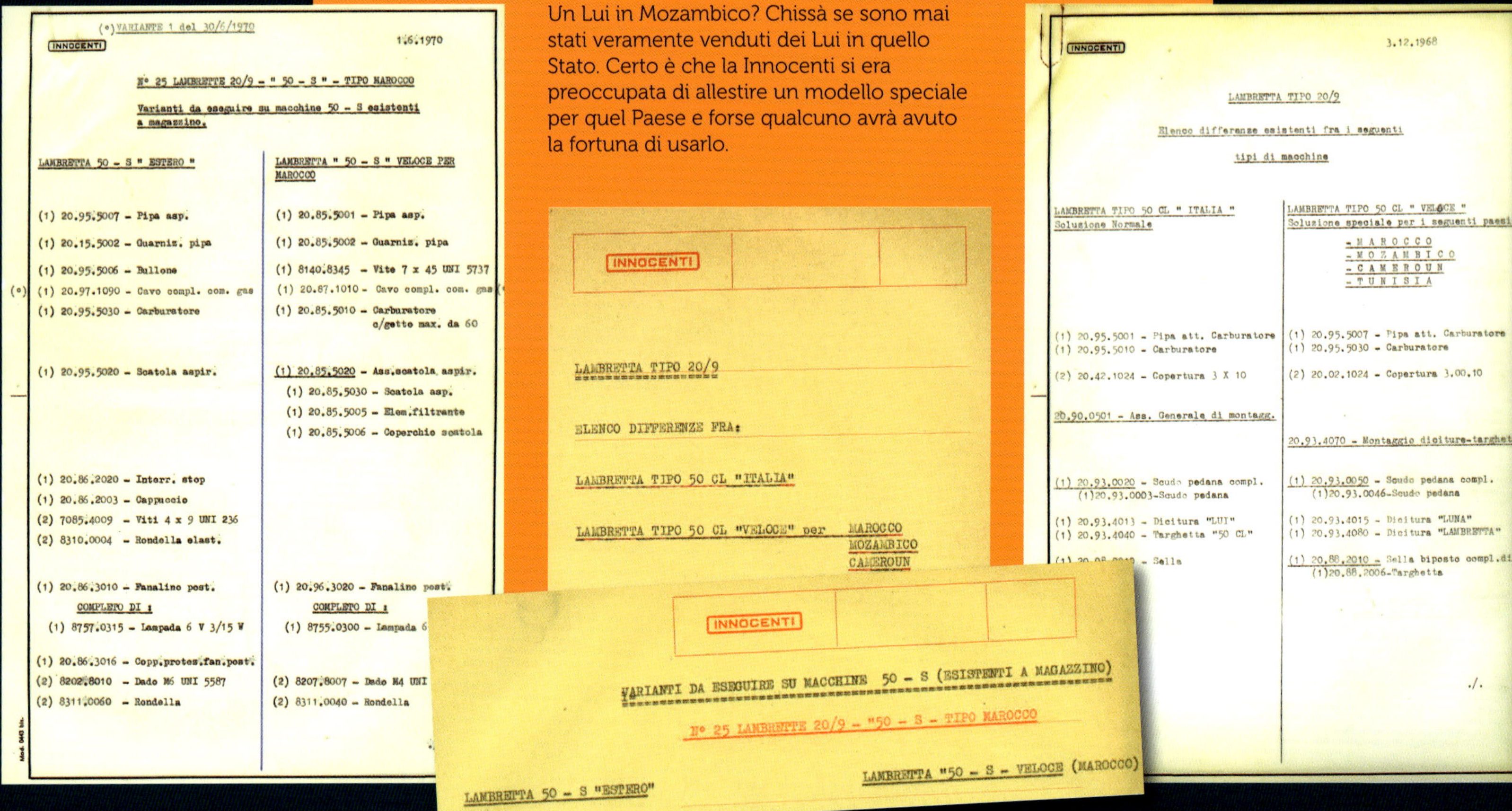

(*) VARIANTE 1 del 30/6/1970

INNOCENTI 1.6.1970

N° 25 LAMBRETTE 20/9 - " 50 - S " - TIPO MAROCCO

Varianti da eseguire su macchine 50 - S esistenti a magazzino.

LAMBRETTA 50 - S " ESTERO "	LAMBRETTA " 50 - S " VELOCE PER MAROCCO
(1) 20.95.5007 - Pipa asp.	(1) 20.85.5001 - Pipa asp.
(1) 20.15.5002 - Guarniz. pipa	(1) 20.85.5002 - Guarniz. pipa
(1) 20.95.5006 - Bullone	(1) 8140.8345 - Vite 7 x 45 UNI 5737
(*) (1) 20.97.1090 - Cavo compl. com. gas	(1) 20.87.1010 - Cavo compl. com. gas
(1) 20.95.5030 - Carburatore	(1) 20.85.5010 - Carburatore c/getto max. da 60
(1) 20.95.5020 - Scatola aspir.	(1) 20.85.5020 - Ass.scatola aspir.
	(1) 20.85.5030 - Scatola asp.
	(1) 20.85.5005 - Elem.filtrante
	(1) 20.85.5006 - Coperchio scatola
(1) 20.86.2020 - Interr. stop	
(1) 20.86.2003 - Cappuccio	
(2) 7085.4009 - Viti 4 x 9 UNI 236	
(2) 8310.0004 - Rondella elast.	
(1) 20.86.3010 - Fanalino post.	(1) 20.96.3020 - Fanalino post.
COMPLETO DI :	COMPLETO DI :
(1) 8757.0315 - Lampada 6 V 3/15 W	(1) 8755.0300 - Lampada 6
(1) 20.86.3016 - Copp.protez.fan.post.	
(2) 8202.8010 - Dado M6 UNI 5587	(2) 8207.8007 - Dado M4 UNI
(2) 8311.0060 - Rondella	(2) 8311.0040 - Rondella

Un Lui in Mozambico? Chissà se sono mai stati veramente venduti dei Lui in quello Stato. Certo è che la Innocenti si era preoccupata di allestire un modello speciale per quel Paese e forse qualcuno avrà avuto la fortuna di usarlo.

INNOCENTI

LAMBRETTA TIPO 20/9

ELENCO DIFFERENZE FRA:

LAMBRETTA TIPO 50 CL "ITALIA"

LAMBRETTA TIPO 50 CL "VELOCE" per MAROCCO MOZAMBICO CAMEROUN

INNOCENTI

VARIANTI DA ESEGUIRE SU MACCHINE 50 - S (ESISTENTI A MAGAZZINO)

N° 25 LAMBRETTE 20/9 - "50 - S - TIPO MAROCCO

LAMBRETTA 50 - S "ESTERO" — LAMBRETTA "50 - S - VELOCE (MAROCCO)

INNOCENTI 3.12.1968

LAMBRETTA TIPO 20/9

Elenco differenze esistenti fra i seguenti tipi di macchine

LAMBRETTA TIPO 50 CL " ITALIA " Soluzione Normale	LAMBRETTA TIPO 50 CL " VELOCE " Soluzione speciale per i seguenti paesi: - MAROCCO - MOZAMBICO - CAMEROUN - TUNISIA
(1) 20.95.5001 - Pipa att. Carburatore	(1) 20.95.5007 - Pipa att. Carburatore
(1) 20.95.5010 - Carburatore	(1) 20.95.5030 - Carburatore
(2) 20.42.1024 - Copertura 3 X 10	(2) 20.02.1024 - Copertura 3.00.10
20.90.0501 - Ass. Generale di montagg.	
	20.93.4070 - Montaggio diciture-targhet.
(1) 20.93.0020 - Scudo pedana compl. (1)20.93.0003-Scudo pedana	(1) 20.93.0050 - Scudo pedana compl. (1)20.93.0046-Scudo pedana
(1) 20.93.4013 - Dicitura "LUI"	(1) 20.93.4015 - Dicitura "LUNA"
(1) 20.93.4040 - Targhetta "50 CL"	(1) 20.93.4080 - Dicitura "LAMBRETTA"
(1) 20.08.2010 - Sella	(1) 20.88.2010 - Sella biposto compl.di (1)20.88.2006-Targhetta

./.

Lui Marocco e Mozambico

Per il mercato nordafricano viene allestita una versione derivata dal 50 S, con alcune modifiche alla carburazione e al fanalino posteriore.

Come si vede sul documento, queste varianti sono state programmate a metà 1970, quando il Lui era già fuori produzione da tempo.

Probabile che, per smaltire le eccedenze in magazzino, siano stati modificati gli esemplari invenduti in modo da poter essere commercializzati in altri Paesi esteri, dove il Lui non era mai stato offerto.

Purtroppo non sono riuscito a trovare alcuna documentazione fotografica o pubblicitari inerente a questi Paesi del Nord Africa.

A Lui in Mozambique? Who knows whether any examples were actually sold in the country. What is certain is that Innocenti took the trouble to prepare a special model for that market and perhaps some one was fortunate enough to use it.

Lui Morocco and Mozambique

A model derived from the 50 S was prepared for the North African market, with a number of modifications being made to the carburation and the rear light.

As can be seen from the document, these variants were programmed in mid-1970 when the Lui had already been out of production for some time.

It is probable that in order to clear out excess stock, modifications were made to the unsold examples to allow them to be sold on other foreign markets where the Lui had never been offered.

Unfortunately, I have been unable to find any photographic documentation or advertising relating to these North African countries.

50 S Svezia-Danimarca

Per questi mercati nord europei il Lui riceve una modifica molto particolare: il parafango anteriore più pronunciato, forse per migliorare la protezione in caso di brutto tempo o neve.

È molto strano che sia gli unici paesi a richiedere questo tipo di variante, in quanto il lui veniva commercializzato anche in Norvegia e in Finlandia, paesi dalle simili situazioni climatiche

Le ulteriori modifiche riguardano il fanalino posteriore, che adotta un modello molto particolare, di forma troncoconica, con una sola luce.

Il faro anteriore è simile al 75 cc ma con solo due luci (manca quella di posizione), mentre la sella è del modello corto (tipo 50 CL).

Per quest'ultimo la potenza è ridotta a 1 CV e, di conseguenza, la velocità massima scende a soli 30 km/h! Il codice di questo modello è 50 S-3; il numero di telaio è stampigliato sulla sinistra del telaio mentre la targhetta identificativa è applicata sulla destra.

Non poteva essere che una bella ragazza alta e bionda a presentare il Lui 50 S per il mercato svedese. Notare il parafango anteriore allungato davanti, particolare specifico solo per i modelli venduti in Svezia e Danimarca.

A tall blonde girl inevitably featured in the presentation of the Lui 50 S for the Swedish market. Note the elongated front mudguard, a detail found only on the models sold in Sweden and Denmark.

50 S Sweden-Denmark

For these Northern European markets the Lui received a very specific modification: a more pronounced front mudguard, perhaps designed to improve protection in the case of bad weather or snow.

It is odd that these were the only countries to require this particular variation given that the Lui was also sold in Norway and Finland, both subject to similar climatic conditions.

Further modifications concerned the rear light with a very unusual truncated cone shape being adopted with a single lamp.

The headlight was similar to that of the 75 cc version but with only two lamps (no running light), while the short saddle was fitted (as on the 50 CL).

In the case of this last the power output was reduced to 1 hp and consequently the maximum speed dropped to just 30 kph!

This model was designated as the 50 S-3; the frame number was stamped on the left-hand side while the identification plate was fitted on the right.

INNOCENTI | LAMBRETTA TIPO 20/9 | 21.3.1969

ELENCO DIFFERENZE ESISTENTI FRA:

LAMBRETTA TIPO "50 CL ITALIA" e

LAMBRETTA TIPO "50 - S/3 SVEZIA E DANIMARCA"

Il grafico della potenza del Lui per questo mercato mette in evidenza le modeste prestazioni di questo specifico modello. Un misero cavallo che non avrebbe certo entusiasmato i potenziali clienti. Nel documento originale, scritto a mano dai tecnici Innocenti, si notano le differenze anche sui rapporti al cambio, più corti nella 2ª e 3ª velocità.

LAMBRETTA TIPO 20/9

ELENCO DIFFERENZE ESISTENTI FRA I SEGUENTI TIPI DI MACCHINE

LAMBRETTA TIPO "50 CL" ITALIA"	LAMBRETTA TIPO "50 - S/3 - "SVEZIA" ~~E DANIMARCA~~
20905026 - ASS. MOTORE	20905024 - ASS. MOTORE
20100044 - SCHEMA DISTRIB. MOTORE	20900066 - SCHEMA DISTRIB. MOTORE
20400019 - SCHEMA TRASMISS. E CAMBIO	
(1) 20951220 - CILINDRO MOTORE C/PRIG.	(1) 20951270 - CILINDRO MOTORE C/PRIG.
(1) 20951028 - CILINDRO MOTORE	(1) 20951260 - CILINDRO MOTORE
	(1) 20951032 - PASTIGLIA DI RIDUZ.
(1) 20453006 - ALBERO PRIMARIO	(1) 20953037 - ALBERO PRIMARIO
(1) 20453008 - RUOTA DENTATA 2ª VEL.	(1) 20953035 - RUOTA DENTATA 2ª VEL.
(1) 20453009 - RUOTA DENTATA 3ª VEL.	(1) 20953036 - RUOTA DENTATA 3ª VEL.
(1) 20955010 - CARBURATORE	(1) 20955050 - CARBURATORE
(1) 20955060 - COPERCHIO A CHIOCC. C/MORSETTIERA	(1) 20955070 - COPERCHIO A CHIOCC. C/VANO PASS. GRUPPO CAVI.
(1) 20955040 - CUFFIA C/VENTILATORE	(1) 20155040 - CUFFIA C/VENTILATORE
(1) 20955014 - CUFFIA	(1) 20155013 - CUFFIA
(1) 20955015 - PIASTRINA	(1) 20055052 - PIASTRINA
(1) 20955160 - VOLANO MAGNETE	(1) 20955150 - VOLANO MAGNETE

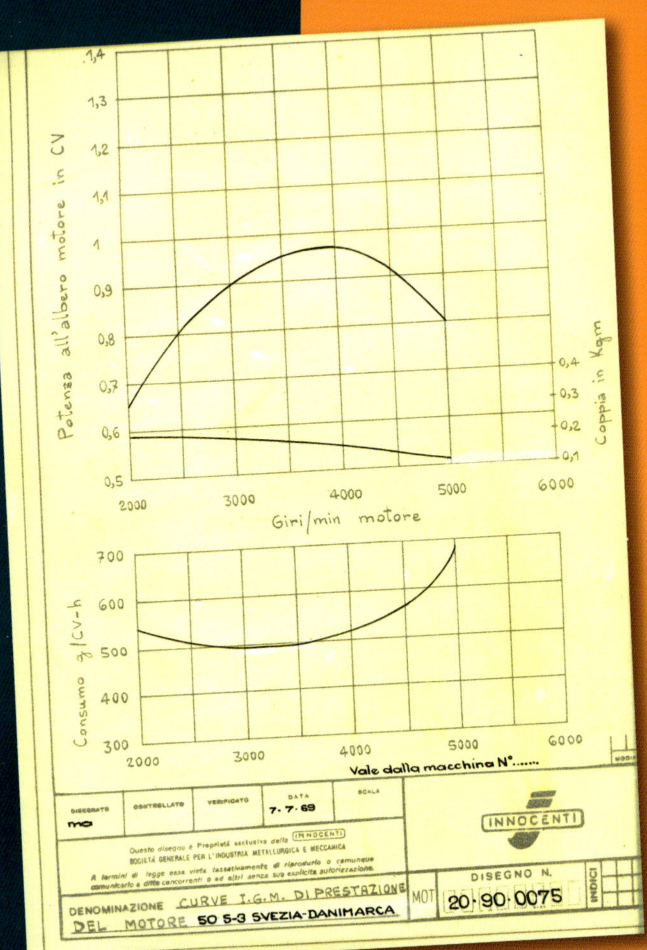

The power curve for the Lui sold on this market highlights the modest performance of this specific model. A single horsepower that was never going to excite potential clients. In the original document handwritten by the Innocenti engineers, note also the differences in the gear ratios, with shorter 2nd and 3rd speeds.

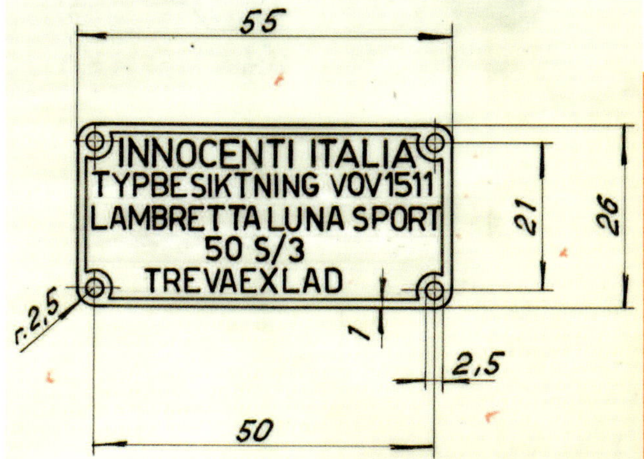

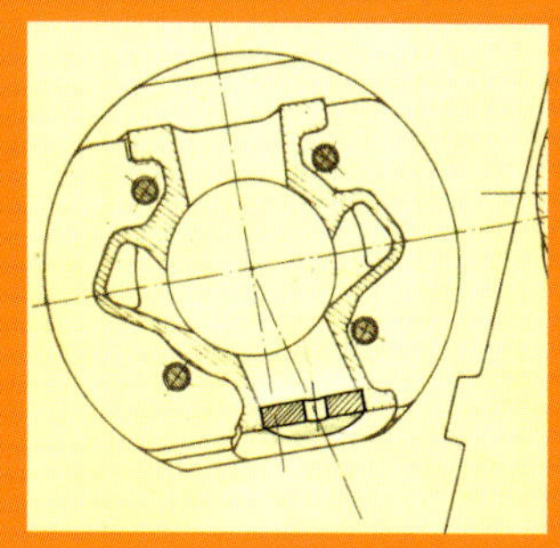

A destra, per ridurre la potenza viene inserito un diaframma nel condotto di aspirazione, che però risultava facilmente asportabile per ripristinare quel mezzo cavallo in più "rubato". Nella vista anteriore si può notare che si trattava di un'ultima versione con le leva al manubrio con la pallina di sicurezza. Il faro anteriore aveva le dimensioni del 75 ma solo due lampadine come il 50. Sulla targhetta il modello è indicato come Luna Sport, una denominazione usata solo per quel Paese.

Right, in order to reduce the power output, a diaphragm was introduced to the intake manifold; it could easily be removed to restore that missing half horsepower... In the front view, it can be seen that this was a late example with safer ball-end handlebar levers. The headlight was the same size as that of the 75 but had only two bulbs like that of the 50. On the identification plate the model is indicated as the Luna Sport, a denomination used only in this country.

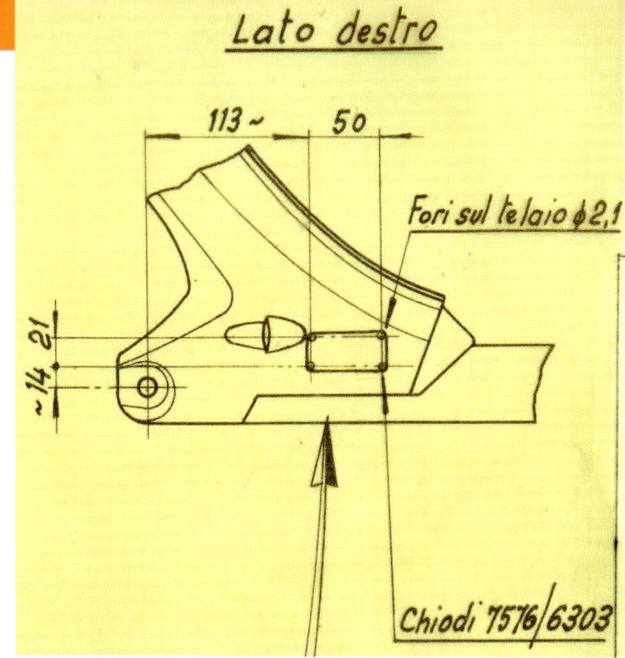

50 S Svizzera

La Svizzera è sempre stato un importante mercato per la Lambretta. Già nel 1948 le prime 125 M (A) venivano spedite oltralpe con grande successo.
Anche il Lui non si sottrae alle pressanti richieste del mercato svizzero e quindi centinaia di esemplari varcano il confine per la gioia dei giovani lambrettisti svizzeri.
Il modello dedicato a questo Paese è abbastanza simile a quello commercializzato in Italia.
La differenza più evidente è il fanale posteriore che, stranamente, è derivato da un vecchio modello Lambretta, la 125/150 LD'57.
Sinceramente non si capisce la ragione di questa scelta, forse dovuta a problemi di omologazione del bellissimo fanalino posteriore cromato del CL.
Il faro anteriore è del tipo 75 ma senza la luce di posizione mentre al posteriore non è prevista la luce di stop.
Il contachilometri è di serie con scala 80 km/h, mentre la sella è del tipo corto.
Per quanto riguarda il motore, la modifica più importante è l'aumento di potenza a 2,4 CV, che gli permette di raggiungere agevolmente i 55 km/h.
Il codice assegnato a questo modello è 50 S-5.

INNOCENTI fg. 2)

Lambretta Tipo 50 S "ESTERO"	Lambretta Tipo 50 S-5 "SVIZZERA"
(1) 20.93.0030 - Assieme telaio con saldato:	(1) 20.93.0030 - Assieme telaio
(1) 20.83.0044 - Supp.bobina A.T. che viene eseguita con il SG di LAV. 20.83.9954.	
	20.90.0028 - Schema orient.proiettore
(1) 8765.2525 - Lampada 6V 25/25 W (1) 8755.0500 - Lampada 6 V 5 W	(1) 14.08.0008 - Lampada 6 V 15/15 W
(1) 20.86.1010 - Avvisatore acustico	(1) 20.96.1010 - Avvisatore acustico
(1) 20.86.2010 - Quadretto c/cavi	(1) 20.96.2070 - Quadretto c/cavi
(1) 20.86.2020 - Interruttore STOP (1) 20.86.2003 - Cappuccio interr.STOP (2) 7085.4009 - Viti 4x9 UNI 236 (2) 8310.0004 - Rondella elastica	
(1) 20.86.3010 - Fanalino post.ill.tar. Completo di: (1) 8757.0315 - Lampada 6 V 3/15 W	(1) 20.96.3050 - Fanalino post.ill.targ. Completo di: (1) 8755.0300 - Lampada 6 V 3 W (1) 8735.0040 - Passacavo
(1) 20.86.3016 - Capp.prote.fan.post.	(1) Tubo VIPLA NERO ∅ 6x0,5 lung.=250mm.
(2) 8202.8010 - Dado M6 UNI 5587 (2) 8311.0060 - Rondella	
(1) 20.86.3050 - Supp.fanale e targa (1) 20.86.3005 - Supporto sin. (1) 20.86.3006 - Supporto des. (1) 20.86.3008 - Porta targa (1) 20.86.3007 - Appoggio fanale	(1) 20.96.3140 - Supp.fanale e targa (1) 20.86.3005 = (1) 20.86.3006 = (1) 20.86.3008 = (1) 20.96.3011 - Fondello app.fanale
(1) 20.96.4070 - Gruppo cavi	(1) 20.96.4020 - Gruppo cavi (sec.mod.esp.C) (1) 7177.6509 - Vite autofilettante per massa fanal.post. (1) 8311/0045 - Rondella dentellata

./.

L'originale scheda di modifiche per il mercato svizzero prevedeva, tra l'altro, un diverso avvisatore acustico. Non siamo stati in grado di capire il perché di questa strana modifica.

INNOCENTI

6 Febbraio 1969

Da MOP/PRG
MV.40.836

Lambretta tipo 20/9
"SVIZZERA"

Allegato alla presente Vi trasmettiamo copia dell'elenco differenze relativo alle macchine in oggetto che annulla e sostituisce quello inviato in precedenza ed era datato 25/11/1969

MOP/PRG

The original list of modifications for the Swiss market included a different horn. We can offer no explanation for this unusual modification.

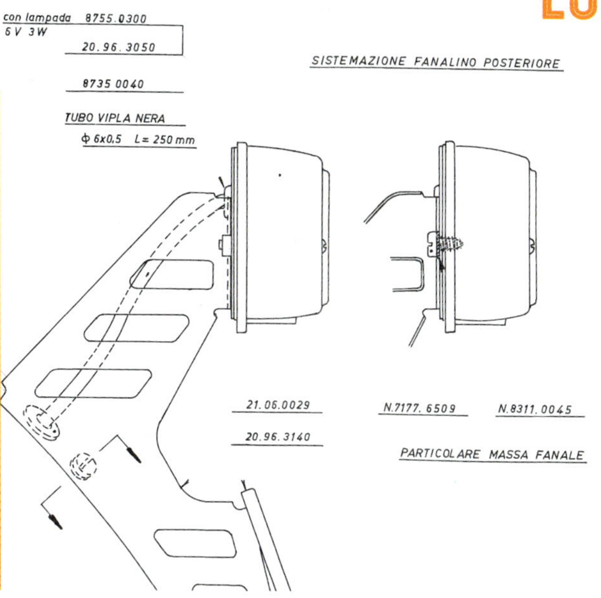

50 S Switzerland

Switzerland was always an important market for Lambretta. In 1948, the first examples of the 125 M (A) were already being sent over the Alps and met with great success.

The Lui also responded to the pressing demands of the Swiss markets and hundreds of examples crossed the border to the delight of the young Swiss Lambrettisti.

The model dedicated to this nation was fairly similar to the one sold in Italy.

The most significant difference was that the rear light was strangely enough borrowed from an old Lambretta model, the 125/150 LD '57.

While this decision is hard to explain, it was perhaps it was due to problems in homologating the chromed rear light of the CL.

The headlamp was the 75 type but without the position light, while there was no rear brake light.

A speedometer with an 80-kph scale was standard, while a short saddle was fitted.

With regard to the engine, the most important modification was the increase in power output to 2.4 hp, which allowed the scooter to reach 55 kph comfortably. The model was designated as the 50 S-5.

Altri Stati

Come per gli altri modelli Lambretta, anche il LUI viene commercializzato in tutti gli Stati dove la Innocenti è presente con un distributore ufficiale.
La sua diffusione è capillare e riesce a raggiungere Paesi lontani che forse non erano ancora pronti per un veicolo così innovativo e moderno come il Lui.
Ceylon, Idonesia, Argentina, USA, Giappone e persino l'Iran, la Siria e la Russia hanno visto il piccolo scooter italiano correre allegramente sulle strade di questi Paesi. In Ceylon era stata allestita anche una piccola catena di assemblaggio, che però rimarrà efficiente per solo pochi mesi.
Lo sforzo propagandistico della Innocenti è stato davvero imponente, nulla è stato lasciato al caso: foto, brochure, film, tutto quello che sarebbe servito per un lancio in grande stile.
Purtroppo, come ben sappiamo, il Lui non ottenne i consensi sperati; forse la linea troppo avveniristica o forse la difficile situazione industriale Innocenti ha fatto sì che non arrivasse il meritato successo. Rimane comunque nella storia per la sua carrozzeria originale e del tutto all'avanguardia rispetto al tempo in cui è nato.

Un nuovo stabilimento Lambretta è venuto ad aggiungersi ai numerosi
ranti nei cinque Continenti: è quello costruito dalla Lambretta Ltd. di
Ceylon. Nelle sequenze fotografiche a sinistra, alcuni momenti dell'inaug
la fabbrica che produrrà prevalentemente motoscooters Lambretta e moto
bro. Alla cerimonia, che ha avuto luogo il 1° marzo, hanno presenziato il
l'Industria del Governo Cingalese, The Hon. Philip Gunawardene, l'Amba
liato a Ceylon, Edoardo Costa Sanseverino, nonchè le maggiori Autorità
lità del mondo diplomatico ed economico. La nostra Casa era rappresen
Bonelli, Direttore Vendite Estere.

Nella foto in alto, una delle numerose utilizzazioni dei Lambro: all'aeropor
nesburg due nostri motofurgoni sono adibiti al carico e scarico delle mer
della Compagnia aerea South African Airways.

La foto in basso mostra l'ultima nata della famiglia Lambretta, giunta a
landia. Ecco una graziosa ragazza locale che ha alle spalle il monume
Mahatart di Bangkok.

Lo stand Innocenti alla fiera di Teheran del 1969.
Era l'unica azienda motociclistica straniera presente e, oltre i tradizionali motocarri, esponeva la serie completa dei Lui nei vari colori. Non si è a conoscenza se siano stati poi commercializzati in quel lontano Paese.

The Innocenti stand at the Teheran fair in 1969. Innocenti was the only foreign motorcycle manufacturer present and as well as its traditional three-wheeler commercial vehicles also exhibited the full Lui range in the various colours. We do not know whether they actually went on sale in that distant country.

A TEHERAN

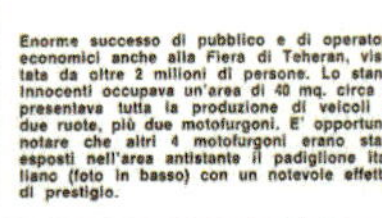

Enorme successo di pubblico e di operatori economici anche alla Fiera di Teheran, visitata da oltre 2 milioni di persone. Lo stand Innocenti occupava un'area di 40 mq. circa e presentava tutta la produzione di veicoli a due ruote, più due motofurgoni. E' opportuno notare che altri 4 motofurgoni erano stati esposti nell'area antistante il padiglione italiano (foto in basso) con un notevole effetto di prestigio.

Non poteva mancare anche la Russia, tra gli Stati che hanno conosciuto la bellezza degli scooter Lambretta. Alla fiera di Mosca del settembre 1968, la Innocenti era presente con la gamma completa dei suoi motoveicoli; persino il presidente del PCUS Breznev aveva fatto visita allo stand congratulandosi per la qualità dei mezzi esposti.

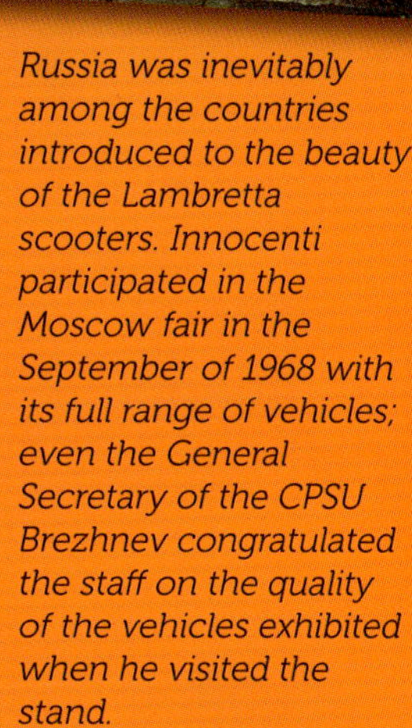

Russia was inevitably among the countries introduced to the beauty of the Lambretta scooters. Innocenti participated in the Moscow fair in the September of 1968 with its full range of vehicles; even the General Secretary of the CPSU Brezhnev congratulated the staff on the quality of the vehicles exhibited when he visited the stand.

Other States

As with the other Lambretta models, the Lui was marketed in those countries in which Lambretta was present with an official distributor.

It therefore widely available, reaching even far-flung countries that were perhaps not ready for such an innovative and modern vehicle.

Ceylon, Indonesia, Argentina, the USA, Japan and even Iran, Syria and Russia saw the little Italian scooter buzzing happily along their streets. In Ceylon a small production line was actually installed, although it was operational only for a few months.

Innocenti's marketing efforts were truly impressive, with nothing being left to chance: photos, brochures, films, everything required for a successful launch.

Unfortunately, as we well know, the Lui failed to achieve the popularity hoped for, its overly futuristic styling and Innocenti's own corporate difficulties perhaps adversely affecting its commercial fortunes.

However, it did earn a place in the history books thanks to original styling that was at the cutting edge of design for the time.

A DAMASCO

Anche alla Fiera Internazionale di Damasco la nostra Casa era presente con un suo stand nell'ambito del padiglione Italiano. Un interesse generale hanno suscitato i due motofurgoni 550 V, che hanno attirato l'attenzione di un grande pubblico venuto da tutti i Paesi del Medio Oriente. Ingegneri, fabbricanti, tecnici, uomini d'affari presenti a questa manifestazione hanno apprezzato in modo particolare le rivoluzionarie caratteristiche del motofurgone.

IN SUD AFRICA

Alcune giovani bellezze sudafricane approfittano della Convenzione di Johannesburg per farsi ritrarre con i veicoli degli « anni settanta ».

The attractive South African girls are taking advantage of the Johannesburg meeting to have their pictures taken with some of our « vehicles of the seventies ».

Lambretta nel mondo

IN LIBANO

Nel quadro delle presentazioni all'estero della nuova linea « S », dopo quella di Colonia (già illustrata nel numero precedente), si sono avute diverse convenzioni delle quali riportiamo alcune immagini. Nella foto qui sopra l'Ambasciatore d'Italia a Beirut S. E. Gian Giacomo di Thiene e gentile Consorte si intrattengono rispettivamente con il Dr. Caldani e il Sig. Bonelli attorno ai nuovi modelli.

Tehe presentations abroad of our new « S » line, the last of which (illustrated in our last number) took place in Cologne, have been followed by similar events elsewhere, of which a few pictures are shown here. In the photograph above, the Italian Ambassador to Beirut, H.E. Giangiacomo di Thiene, and his wife, are seen talking, respectively, to Dr. Caldani and Sig. Bonelli, beside the new models.

IN BULGARIA

Anche a Plovdiv è stata presentata con successo la gamma dei nostri motoveicoli.

Our range of vehicles was also presented with success at Plovdiv.

7

Curiosità

Durante la sua breve vita il Lui ha comunque destato l'interesse di diverse aziende in campo motoristico.
Alcune fabbriche di giocattoli si sono cimentate nella costruzione di modelli in scala ridotta per bambini, sia a pedali che con motore elettrico.
Una ditta bolognese di oggetti da regalo per le uova di Pasqua ha avuto la simpatica idea di produrre un piccolo modellino in pezzi colorati; di questo oggetto esiste anche una versione con sidecar.
La stessa Innocenti, per promuovere il nuovo scooter, ha realizzato una serie di gadgets, ora molto rari e preziosi per i collezionisti. Il più raro è la medaglia che è stata coniata per l'esposizione di Colonia del 1968 e, non meno raro, è il mazzo di carte della Dal Negro con raffigurato i Lui 50 CL arancione.
Per conquistare le simpatie dei ragazzi in età scolastica viene anche offerto un quaderno con l'avvincente slogan: tutti per Lui... Lui per tutti.

Un simpatico portachiavi in plastica trasparente e un altro più tradizionale in fusione di zama sono tra i più popolari gadgets regalati dalla Innocenti per promuovere il Lui.
Preziosa è invece la medaglia ricordo, coniata in occasione del meeting Europeo Lambretta del 1968 a Colonia, in Germania.
Il francobollo con il Lui era solo pubblicitario, non aveva corso legale ed era destinato ad essere un simpatico chiudi lettera.

Curiosities

During its brief production run the Lui aroused the attention of various firms working in the automotive field. A number of toy manufacturers tackled the construction of scaled-down versions for children, with either pedals or an electric motor.
A manufacturer of Easter egg gifts from Bologna had the clever idea of producing a little model with coloured pieces; there is also a version of this object with a sidecar.
In order to promote the scooter, Innocenti itself produced a series of gadgets, now very rare and eagerly sought-after by collectors. The rarest are the medal minted for the Cologne exposition in 1968 and the deck of cards by Dal Negro that featured the orange Lui 50 CL.
School kids were also targeted with a notebook carrying the engaging slogan: "All for Lui... Lui for all".

An attractive key ring in transparent plastic and another more traditional white metal casting were among the most popular gadgets given away by Innocenti to promote the Lui.
The commemorative medal struck on the occasion of the European Lambretta Meeting 1968 at Cologne in Germany is instead a precious souvenir.
The Lui stamp was only an advertising gimmick to be used as an envelope seal and was never an official postage stamp.

Un Lui molto speciale, preparato dallo stabilimento su specifica richiesta della famiglia Innocenti che, a quel tempo, possedevano una bella tenuta vicino al fiume Adda. In questa villa tutti i mezzi di trasporto dovevano essere di colore giallo e con il simbolo del quadrifoglio,che era il logo del parco. Questo modello è ora esposto presso il Museo Scooter&Lambretta di Rodano. Questo esemplare unico ha fatto pochissimi chilometri, poco più di 700 ed è in perfetto stato di conservazione. Tutti gli adesivi sono ancora originali e sotto la sella si vedono chiaramente quelli che specificano l'uso di benzina e olio per i due serbatoi separati.

A very special Lui prepared by the factory at the specific request of the Innocenti family. At that time the family possessed a large estate near the River Adda. In this villa all the vehicles were required to have a yellow livery with the four-leafed clover symbol, the logo of the park. This model is now exhibited at the Scooter&Lambretta Museum in Rodano. This one-off example has covered little more than 700 kilometres and is perfectly conserved. All the decals are still original including those below the saddle with instructions for the separate fuel and oil tanks.

Il Lui raffigurato in queste foto è stato ritrovato quindici anni fa all'interno dello stabilimento Innocenti; si tratta di una versione molto particolare perché ha la candela posta sul lato sinistro.
Inoltre all'interno dello scudo si intravede il numero 8, che caratterizza i mezzi destinati al centro studi.

Una importante "reliquia" è la famosa manopola quadrata che equipaggiava i primi prototipi definitivi. Non è dato sapere come mai fosse finita su questo Lui 75, ma è certamente un bel ritrovamento. Purtroppo sul lato sinistro è invece montata una manopola di serie.

La banda nera sullo scudo non ha una storia particolare, forse è un tentativo, come la Macchia nera della DL, per dare un aspetto più sportivo al Lui.

*The Lui seen in these photos was discovered 15 years ago in the Innocenti factory; it is highly unusual in that it has the spark plug on the left-hand side.
Moreover, inside the leg shield can be seen the number 8, which characterised the vehicles destined for the research centre.*

An important "relic" is the famous faceted grip that equipped the first definitive prototypes. We do not know how it ended up on this Lui 75, but this was in any case a great find. Unfortunately, a standard grip is fitted on the left-hand side.

Nothing in particular is known about the black band on the leg shield, but it was perhaps an attempt to lend a sporting air to the Lui as with the black splash on the DL.

Due modelli di Lui per bambini: a sinistra la versione con motore elettrico per i più "pigri" mentre a destra il tipo a pedali per i più "sportivi". Purtroppo quest'ultimo è stato ritrovato nuovo ma mancante della parte anteriore.

Two Lui models for children: on the left, the version with an electric motor for the "lazy" and on the right, the pedal-powered model for the "sportier" kids. Unfortunately, this last was found new but was missing the front section.

Due interessanti foto Polaroid per lo studio del portapacchi posteriore. All'interno dello scudo si vedono due contenitori bianchi, forse un tentativo di trovare lo spazio per ripostigli che sul Lui non erano previsti. Le foto sono state scattate all'interno del Centro stile Bertone.

Two interesting Polaroids of the rear luggage rack designs. Inside the leg shield can be seen two white containers, perhaps an attempt to find room for the lockers the Lui lacked. The photos were taken inside the Bertone Styling centre.

Applicazione specchio retrovisore

Montare lo specchio retrovisore sul Lui è da sempre un bel problema.

Difatti non era stata prevista nessuna staffa di sostegno o una predisposizione sul manubrio. Anche la stessa Innocenti si è trovata in difficoltà e si è dovuta inventare una soluzione per rispondere alle richieste specifiche di alcuni Stati in materia di circolazione stradale.

Per l'Inghilterra e l'Australia, avendo la guida a destra, la soluzione più pratica è stata quella di sostituire il perno della leva freno con l'asta porta specchio.

Per il mercato tedesco, invece, si è dovuti optare per un fissaggio più solido direttamente sul lato sinistro dello scudo. Chiaramente quest'ultima soluzione prevedeva la foratura della lamiera.

Non ho trovato alcuna documentazione per una piastra triangolare da inserire nella sagoma del manubrio, che sarebbe stata la soluzione più semplice.

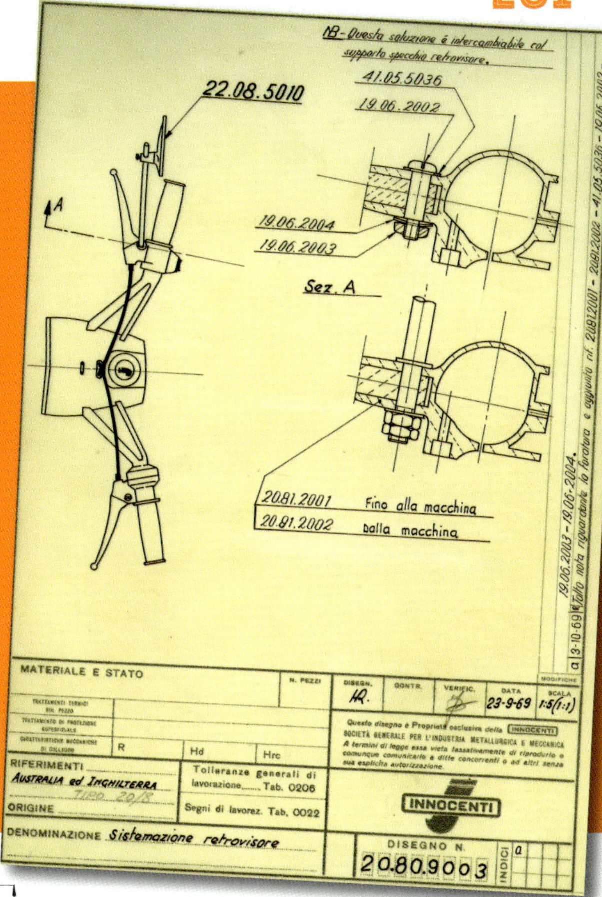

Disegno costruttivo originale per l'applicazione dello specchio retrovisore per i Lui destinati ai Paesi di tradizione anglosassone (con la guida a destra). Si noti che il disegno è datato 23-9-69, quando il Lui era ormai già a fine produzione.

An original engineering drawing for the attachment of the rear-view mirror for the Lui models destined for the British market (and those which drove on the left). Note that the drawing is dated 23-9-69 when the Lui was about to go out of production.

Fitting a rear view mirror

Fitting a rear view mirror to the Lui was always something of a problem.

No support bracket was offered and there was no provision for one on the handlebar. Innocenti itself came up against the problem and had to devise a solution to meet the specific demands the highway codes in force in certain states.

In the case of Great Britain and Australia, which drive on the left, the most practical solution was that of replacing the brake lever hub with a mirror bracket.

For the German market instead the firm had to opt for a more solid fixture on the left-hand side of the leg shield. Clearly, this solution involved the drilling of the sheet metal.

I have not found any documentation relating to a triangular plate to be inserted within the shape of the handlebar which would have been the simplest solution.

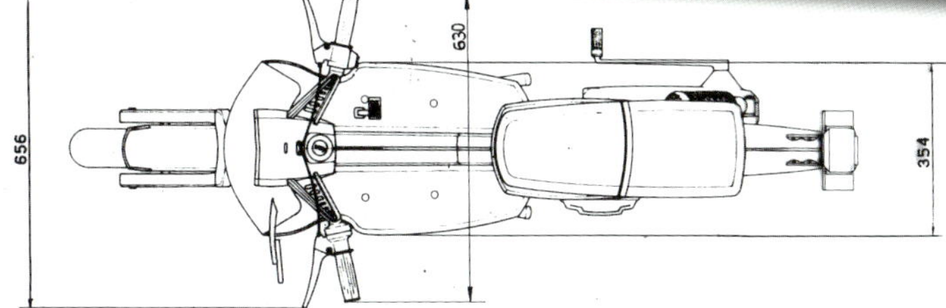

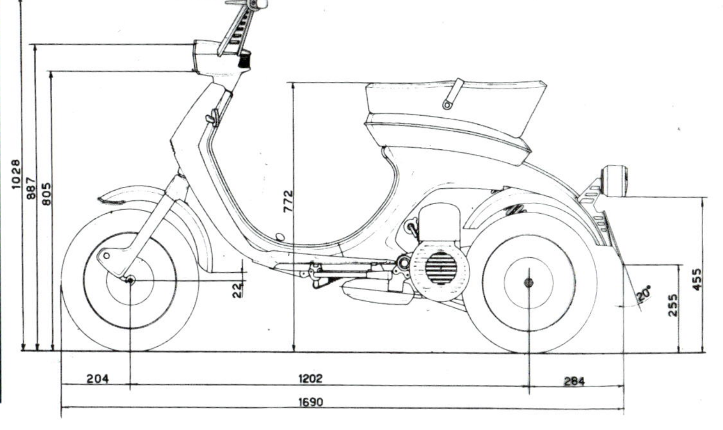

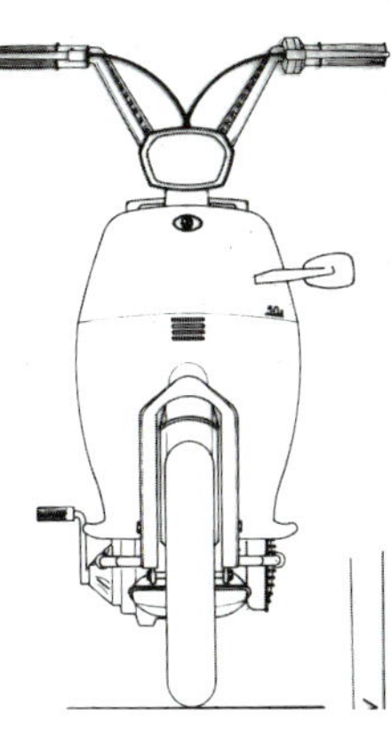

Imballaggi e spedizioni

Anche per il Lui, come per gli altri scooter della produzione Innocenti, viene previsto un imballo specifico per le spedizioni via treno e via nave.

Per ridurre i costi si preferisce optare per una cassa in cartone ondulato che si rivela un buon compromesso per la sua economicità di realizzazione e la buona protezione durante i lunghi viaggi.

A tale scopo viene interpellata la ditta SuperCassa di Porcari (LU), specializzata in realizzazioni di questo genere.

Il prezzo della scatola completa era di 2.045 lire che, in proporzione al costo dello scooter, incrementava di circa 2,5 % il valore finale.

A ciò bisognava poi aggiungere la spesa della spedizione che cambiava in base alla destinazione; in totale il costo d'invio di un Lui all'estero poteva variare da 5.180 lire per vicina Francia, via treno, a ben 17.860 lire per la lontana Indonesia, via mare. Inoltre era stata prevista anche la spedizione parzialmente o completamente smontato, per ridurre il volume tassabile e incentivare l'assemblaggio in Paesi tecnologicamente meno avanzati.

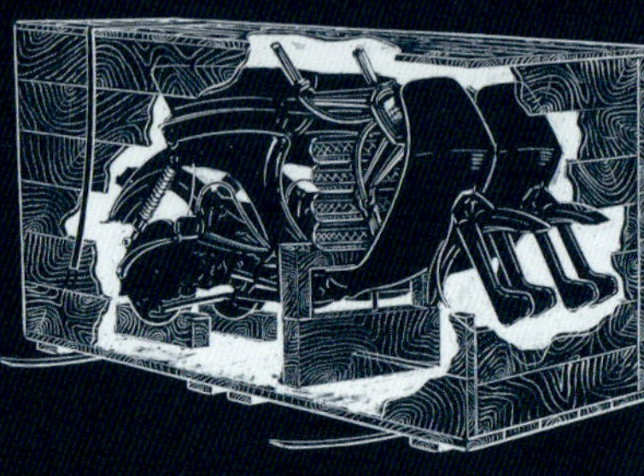

cartone ondulato a **3** onde per supercasse d'imballo

SUPERCASSA s. p. a. 55016 PORCARI (LUCCA) TEL. 29 231 - 29 232

OFFERTA

Vs. Rif.

Ns. Rif. AE/UffComm.

Data 16 Gennaio 1968

Spett/le
INNOCENTI S.p.A.
Via Pitteri, 81
20134 - LAMBRATE (Milano)

QUESTA OFFERTA È VALIDA PER 15 GIORNI

QUANTITÀ	TIPO SCATOLA	COMPOSIZIONE CARTONE	DIMENSIONI INTERNE mm.			INTERNI	PREZZO UNITARIO LIT.
			LUNG.	LARG.	ALT.		
- -	Interno per spedizioni scooter 'Lui' per via aerea, come da campione inviatoci						330=
	Nuovo prezzo della scatola completa						2.045=

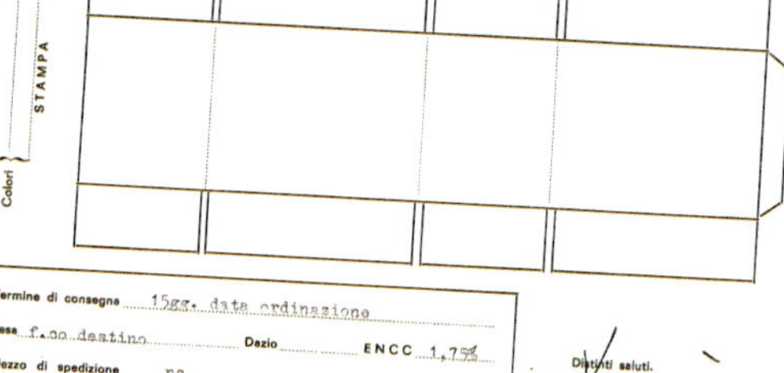

STAMPA

Colori

Termine di consegna 15gg. data ordinazione

Resa f.co destino Dazio ENCC 1,75%

Mezzo di spedizione ns.

Pagamento Vs. solito.

Distinti saluti.
SUPERCASSA s. p. a.

Il cassone aperto mostra chiaramente come il Lui veniva preparato per la spedizione. In pratica, solo il manubrio era smontato dal cannotto sterzo, per ridurre il volume della cassa e contenere al massimo le spese di spedizione.

The open crate clearly shows how the Lui was prepared for shipping. In practice, only the handlebar was removed from the steering head to reduce the volume of the crate and therefore reduce shipping costs as much as possible.

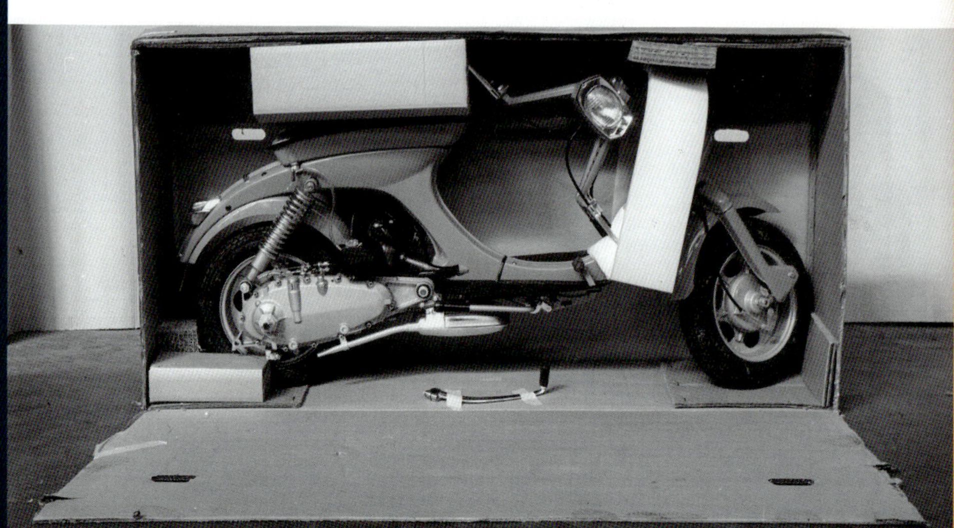

Packaging and shipping

As with the other Innocenti scooters, specific packaging was designed for shipping via rail and sea.
In order to reduce costs the company opted for a box in corrugated cardboard that proved to be effective compromise in terms of its economy and the protection it offered during long journeys.
The packaging was sourced from the SuperCassa firm from Porcari (Lucca), specialists in the production of this kind of product.
With the price of the complete box being L. 2,045, it was responsible for an increase of around 2.5% relative to the final price of the scooter.
The shipping expenses then varied according to the destination; in total, the cost of shipping a Lui abroad could vary from L. 5,180 to neighbouring France by rail, to no less than L. 17,860 to distant Indonesia by sea.
Shipping could also take place in partially or completely knocked down form in order to recued the taxable volume and incentivize assembly in technologically less advanced countries.

DA M A N
SEZ. Spedizioni
RIF. CB/101.735
DATA 11.9.1968

INNOCENTI
COMUNICATO INTERNO
OGGETTO: IMBALLO PER SPED.OLTREMARE NUOVI MS. 50/S - 75/L - 75/SL

A APP
C O I
M E S
SEZ.
RIF. PREC.

Per la spedizione dei veicoli in oggetto, sono stati modificati gli imballi a suo tempo campionati che pertanto avranno le seguenti caratteristiche :

Cassa tipo 8 per 2 Ms parzialmente smontati, dimensioni in cm. 164X80X78 sviluppo pannelli mc.0,123, ancoraggi mc.0,014, Totale 0,137

GABBIA tipo 9 per 2 Ms come sopra ed avente uguali misure di ingombro; sviluppo pannelli ms.0,089, ancoraggi mc.0,014, Totale 0,103

TELAI (fondo e coperchio), per pallettaggio di 3 Ms.imballati in scatole di cartole a 3 Onde; misure di ingombro cm. 167X120X4 spessore; sviluppo dei 2 pannelli mc. 0,062.

M A N SPEDIZIONI

DA M AN
SEZ. Spedizioni
RIF. CB/101.615
DATA 13.6.68

INNOCENTI
COMUNICATO INTERNO
OGGETTO: Lambrettino 50/CL

A M E S
C O I
D O G
SEZ.
RIF. PREC.

Imballo in scatole cartone "SUPERCASSA"
Pallettaggio di n° 4 scatole per U.S.A.

Con riferimento agli esperimenti effettuati per vostra richiesta, e controllati da parte del Sig. Malaspina e Dr. Toschi, si comunica che la spesa per il pallettaggio di n° 4 scatole, viene da noi preventivata in : £. 5.000

M A N SPEDIZIONI

Top, correspondence between Innocenti and the company commissed to produce the pressed cardboard crates and a number of internal communications between the MAN shipping company and the Shipping Office. Note that the second sheet refers to a batch of four Lui 50 CLs to be sent to the USA and therefore its quite possible that this model too was sold in America.
Above, a hand-painted graphic mock-up of the new Innocenti spare parts boxes.

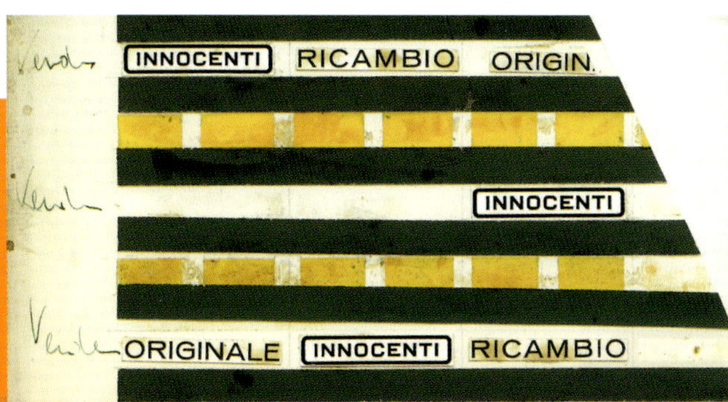

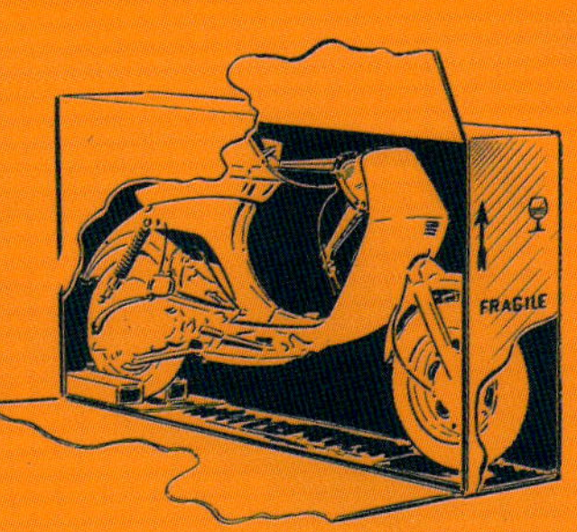

In alto, corrispondenza tra l'Innocenti e l'azienda che avrebbe dovuto realizzare le casse in cartone pressato e alcuni fogli interni di informativa tra la ditta di trasporti MAN e l'Ufficio Spedizioni. Si noti che il foglio si riferisce ad una spedizione di 4 Lui 50 CL in USA, ed è quindi plausibile che anche questo modello fosse venduto in America. Sopra, cartoncino originale dipinto a mano per una prova grafica delle nuove scatole di imballaggio dei ricambi originali Innocenti.

L'ho avuto anch'io

Ebbene sì: sono stato possessore di un Lui 50 CL. Ma, come andrò a spiegare, non è stata una scelta di cuore ma una sorta di espiazione di peccati – veniali – precedenti...

A dire il vero, la mia esperienza motociclistica di quattordicenne non comincia propriamente alla grande: correva l'anno 1967, il risultato scolastico non era stato brillante e, invece del cinquantino "tutto pepe" a quattro marce a cui anelavo, mi ritrovo in sella ad un modesto Moto Guzzi Trotter prima serie, quello di 40 cc (fortunatamente sostituito a settembre con un più che valido e prestazionale Guzzi Dingo GT). Quest'ultimo sarebbe durato alla grande se non avessi deciso di trasformarlo radicalmente in fuoristrada, ovvio all'insaputa del genitore, strenuo sostenitore dell'originalità: al momento di saldare il conto – per di più salato – del meccanico, il buon papà, inorridito da simile scempio, si rifiuta di farlo uscire dall'officina. E dopo la ovvia lavata di capo, una settimana di penitenze varie e la promessa di dimenticare modifiche ed elaborazioni, l'amore paterno ottiene l'ennesima conferma: uno spettacolare Guazzoni Matacross, quello con la marmitta a sogliola, costituisce l'apoteosi dei miei più reconditi desideri, invidiato da tutti i miei coetanei. Ma, come ben si sa, il diavolo fa le pentole ma non i coperchi. Per prima cosa, l'arrembante cinquantino mette tristemente in luce la mia negazione per il fuoristrada: la mitica Montagnetta di San Siro, oggi Monte Stella, improvvisata pista da cross degli anni Sessanta, si rivela ad ogni mia uscita un vero calvario con scivolate, ammaccature e performance ridicole, cui vanno aggiunti i guai meccanici che affliggono sempre il bellissimo quanto delicato Guazzoni, oggetto di lunghe e costose soste in officina. Da qui la drastica decisione paterna: un bello scooter e non se ne parli più. E, per un adulto, cosa poteva essere meglio di una Lambretta Lui, disegnata nientemeno che da Nuccio Bertone? Senza contare che l'austero quanto magnanimo genitore era stato possessore, una ventina di anni addietro, di una Lambretta B che ricordava con nostalgia...

Così, estate 1968, inizia la mia non facile convivenza con il Lui CL, colore verde mela. Certo, sono contento di avere il cinquantino per muovermi in libertà: il Lui non perde un colpo, si avvia sempre facilmente, consuma quasi niente ma purtroppo è penalizzato da prestazioni modestissime. Da un lato papà mi spiega che, grazie alla serietà della Casa costruttrice, il Lui rispetta le normative del Codice della Strada: dovevo dimenticarmi versioni export, carburatori improbabili, marmitte vuote e altri artifizi che facevano filare a 80 km/h gli altri cinquantini; dall'altro non riesco a capacitarmi del fatto che in città vengo superato anche dal filobus e me la gioco a stento con il tram... Ricordo di aver interpellato meccanici vari per cercare un minimo di sprint e velocità in più ma, stranamente, le mie richieste sono sempre cadute nel vuoto: pareva che il Lui fosse inattaccabile a modifiche se non radicali come, ad esempio, montare il gruppo termico del modello di 75 cc. Fedele alla promessa fatta, il mio Lui è rimasto tale. Mi segue al mare, in quel di Riccione: un giorno decido di andare a trovare un compagno di scuola che soggiorna a Pesaro, 30 km di viaggio. Affronto la statale Adriatica che, poco dopo il bivio per Gabicce Monte, comincia a salire al valico della Siligata, una pendenza di poche centinaia di metri di dislivello diluita in qualche chilometro, la faccio anche oggi in bicicletta... Ebbene, il Lui sembra arrampicarsi sullo Stelvio, devo scalare in seconda per procedere a passo d'uomo, sulla sommità metto anche la prima! Poi c'è la discesa, ma il ritorno offre lo stesso programma. Torno a Riccione all'imbrunire, i miei sono preoccupati e mi giustifico con le prestazioni Codice...

Nei giorni seguenti mi avventuro in una piccolissima trasferta anche con passeggera: una piacevole ragazza di Roma, conosciuta nello stesso nostro albergo, accetta una gita alla pista dei go-kart di Misano Adriatico. Sono 8 km o poco più, ma mi sembrano più del doppio data la media di percorrenza: l'unico vantaggio è la vicinanza imposta dalla piccola sella, con la fanciulla che mi cinge la vita... Il comfort è modesto anche per il solo guidatore, e la pedana concava non favorisce una seduta corretta. Le prestazioni modeste fanno il paio con una qualità costruttiva pari: il Lui però incuriosisce e piace agli adulti, ma è snobbato dai coetanei in sella alle Lambretta j50 o Vespa 50. Me ne faccio una ragione: il mio Lui però non mi darà il minimo problema, nonostante l'abbia sempre trattato al massimo delle sue possibilità. Un unico rimpianto: non ho neanche una foto di quel tempo e, nonostante tutto, il Lui conserva un posticino nella mia storia personale su due ruote.

Aldo Benardelli, 45 anni dopo, in sella ad un Lui 50 CL del tutto simile a quello posseduto nel 1968, a parte il colore arancione.

Aldo Benardelli, 45 year later, aboard a Lui 50 CL identical to the one he owned in 1968 apart from the orange paintwork.

I had one too...

Yes, I too once possessed a Lui 50 CL. As I'll go on to explain, however, it was not necessarily my first choice but rather a kind of penance for earlier venial sins.

In truth, my motorcycling experience as a 14-year-old did not get off to the greatest of starts: it was 1967 and my school report was, let's say, less than optimum. Instead of the sparky four-speed fifty I'd set my heart on, I found myself riding a modest first series Moto Guzzi Trotter, the 40 cc version (fortunately replaced in September with a perfectly acceptable Guzzi Dingo GT). This one would have lasted had I not decided to radically transform it into an off-roader, naturally without informing my father, a strenuous devotee of originality: when it came to pay the mechanic's rather steep bill, my father rebelled and refused to let the monstrosity be taken out of the workshop. Following the consequent dressing down, a week of various punishments and a promise to forget about modifications and tuning, paternal love came to the fore once more: a stunning Guazzoni Matacross, the one with the flat exhaust, constituted the gratification of my most secret desires and was envied by all my classmates. However, as is well known, the devil makes the lids but not the pots... Firstly, that aggressive fifty sadly revealed my innate lack of off-roading talent: the legendary San Siro hill, now known as Monte Stella, an improvised motocross track in the Sixties, proved to be a true ordeal every time I went out. Various falls, dents and ridiculous performances had to be added the mechanical problems that always afflicted the beautiful yet delicate Guazzoni, the object of lengthy and expensive sojourns in the workshop. Hence my father's drastic decision: a nice scooter and let that be an end of it. And for an adult, what could be better than a Lambretta Lui, designed by none other than Nuccio Bertone? Not to mention that the austere but magnanimous parent had been the owner, a couple of decades earlier, of a Lambretta B he fondly remembered.

Thus began, in the summer of 1968, my by no means easy co-existence with an apple green Lui CL. Of course I was happy to have that fifty cc moped and the freedom it promised: the Lui never missed a beat, always started easily, drank very little but was unfortunately penalised by very modest performance. As my father explained, thanks to the manufacturer's seriousness, the Lui respected the regulations of the Highway Code: I was to forget about export versions, improbable carburettors, straight-through exhausts and similar tricks that would get other fifties flying at 80 kph; but I found it difficult to swallow that in town I would be overtaken by the trolleybuses and would struggle to keep up with the trams. I remember consulting various mechanics in search of even a little extra brio and speed but, strangely, my requests always went unheard: it seemed as though the Lui was untouchable unless one made radical modification such as, for example, fitting the top end of the 75 cc engine. Faithful to the promise made, my Lui remained wholly original. It came with me to the seaside, to Riccione: one day I decided to visit a school friend staying in Pesaro, a 30 km trip. I ventured onto the main Adriatic coast road that, shortly after the fork for Gabicce Monte, began to climb to the Siligata pass, a slope that rose a few hundred metres over a few kilometres, a climb I still do today on a bicycle... And yet, it was like asking the Lui to climb the Stelvio: I had to drop down to second to advance at a walking pace and to reach the summit I was in first! The descent then followed, but the return trip promised more of the same. I got back to Riccione at dusk; my parents were getting worried but I pointed out the Lui's highway code performance... Over the following days I even went out on a trip with a passenger: a pleasant girl from Rome I had met in our hotel accepted an invitation to the Misano Adriatico go-kart circuit. Little more than 8 kilometres, but it felt like twice that given our average speed: the only bright spot was that the little saddle meant we were huddled close together with the girl clinging to my waist... Comfort was relative even one-up, with the concave footplate hardly helping one's posture. The modest performance went hand in hand with a similar constructional quality and while the Lui did attract and was liked by adults, it was snubbed by my peers aboard Lambretta j50s or Vespa 50s. I had to resign myself to that but I have to say my Lui was absolutely reliable despite always being ridden on the limit. My only regret is that I don't have a single photo from that period; despite everything, the Lui still has a place in my personal motorcycling story.

Schede tecniche

In questo capitolo sono raccolte tutte le schede tecniche e i dati costruttivi dei vari modelli Lui.
Le schede di omologazione sono valide solo per il mercato italiano in quanto per la commercializzazione all'estero vigevano regolamentazioni e omologazioni differenti.
Per quanto riguarda le numerazioni dei telai e dei motori l'Innocenti ha utilizzato solo 2 numeri di partenza: per i 50 C/CL il numero 575.001 e per i 75 S/SL il numero 650.001. Non è quindi possibile sapere se, conoscendo solo il numero di telaio, si possa attribuire ad una versione o a un'altra.
Da notare che, sulla scheda di omologazione italiana per il 50, è prevista anche l'opzione della marmitta alta tipo 75, ma con un diverso numero di certificato. Si tratta sicuramente del tipo montato di serie sulla versione 50 S destinata ai mercati stranieri.
Per la parte meccanica la curiosità più interessante è l'albero motore del 50 che, sebbene sul catalogo ricambi riporti il modello con cuscinetto a rulli volano, in realtà era montato anche quello con il cuscinetto a sfere.
Si tratta di una precisazione molto importante perché, nel caso di una sostituzione, i pezzi non sono intercambiabili e occorre sempre verificare quale albero è stato montato, prima di ordinare i ricambi.

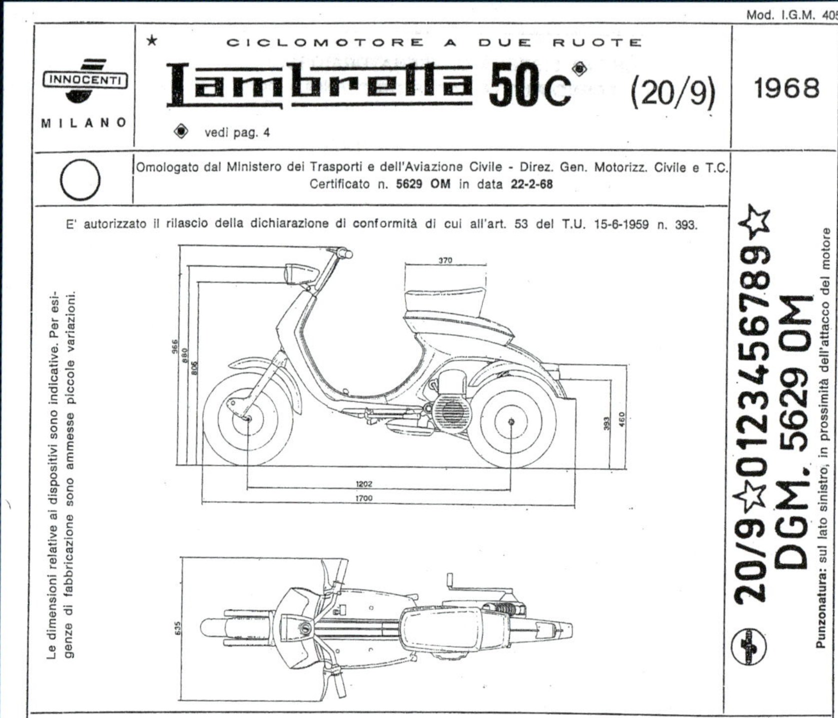

Mod. I.G.M. 405

INNOCENTI MILANO

★ CICLOMOTORE A DUE RUOTE

Lambretta 50c ◈ (20/9) 1968

◈ vedi pag. 4

Omologato dal Ministero dei Trasporti e dell'Aviazione Civile - Direz. Gen. Motorizz. Civile e T.C.
Certificato n. **5629 OM** in data **22-2-68**

E' autorizzato il rilascio della dichiarazione di conformità di cui all'art. 53 del T.U. 15-6-1959 n. 393.

Le dimensioni relative ai dispositivi sono indicative. Per esigenze di fabbricazione sono ammesse piccole variazioni.

20/9☆0123456789☆
DGM. 5629 OM

Punzonatura: sul lato sinistro, in prossimità dell'attacco del motore

★ **TIPO DELLA STRUTTURA** . . in tubo e in lamiera di acciaio

Posti . . . . n° **1**

DIMENSIONI:

Lunghezza max . . . . m **1,700**
Larghezza max . . . . m **0,635**
★ Passo (a carico) . . . . . . m **1,202**
Altezza max (al manubrio) . . . . m **0,966**

PESI:

★ Peso a vuoto kg **68,5** + conducente kg **70** kg **138,5**

SOSPENSIONI: (tipo a descrizione)

anteriore a biellette oscillanti e ruota tirata;
posteriore a molla elicoidale esterna all'ammortizzatore

RUOTE: con cerchio **2.10**

Pneumatici { anteriore **3 x 10** / posteriore **3 x 10**

★ **FRENI:** (v. retro)

IMPIANTO ELETTRICO

Alternatore-magnete volano: volt. **6** - watt **18** nom.

Dispositivi illuminazione e segnalamento:

Proiettore con luce di posizione anteriore mutuamente incorporata; luce di posizione posteriore; catadiottro raggruppato con la luce di posizione posteriore; dispositivo di segnalazione acustica.

MOTORE:

★ Denominazione o Modello **J 50**
★ Funzionamento: a ciclo Otto; miscela benzina-olio.
★ Tempi . . . . n° **2**
★ Cilindri . . . . n° **1**
★ Diametro . . . . mm **38**
★ Corsa . . . . mm **44**
★ Cilindrata . . . . cm³ **49,8**
Rapporto di compressione **7,75**
★ Potenza max effettiva (I.G.M.) . { CV **1,48** / a giri/min **4600**

FRIZIONE a dischi multipli in bagno d'olio.

CAMBIO DI VELOCITA' E TRASMISSIONE

N. 3 marce con comando a mano sulla manopola sinistra.

★ Trasmissione primaria: a catena

Motore-cambio: . . **(11/47) = 1 : 4,27**
Cambio velocità: Prima . . **(9/58) = 1 : 6,44**
Seconda . . **(15/53) = 1 : 3,53**
Terza . . **(20/46) = 1 : 2,30**

★ Velocità massima calcolata a n° giri di massima potenza (rapporto totale motore ruota = **1 : 9,83**) **34,5** km/h.

★ Ruota posteriore calettata sull'albero di uscita del cambio.

PRESTAZIONI { 1 km part. da fermo sec. **103,7** km/h **34,7** / 1 km lanciato sec. **97** km/h **37,1**
Consumo (norme Cuna) litri/100 km **1,6**

SERBATOIO: Capacità totale litri **6** di miscela al **2%**

SILENZIATORE: (v. retro).

★ Caratteristiche essenziali la cui modifica comporta la necessità di una nuova omologazione (art. 225 del D.P.R. 30-6-1959 n. 420).

Technical data

SCHEMA SISTEMA DI FRENATURA
FRENO RUOTA ANTERIORE

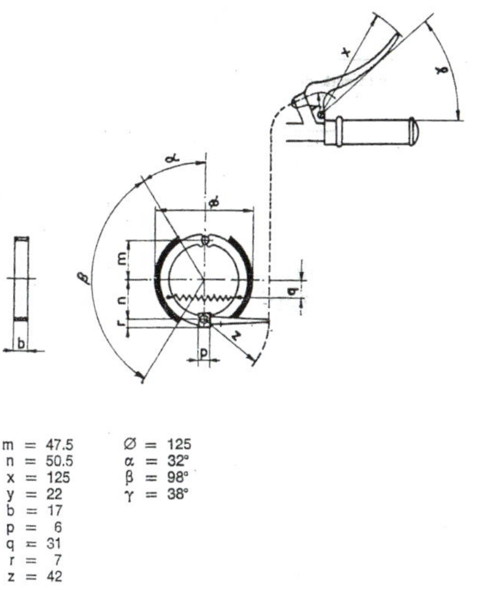

m = 47.5
n = 50.5
x = 125
y = 22
b = 17
p = 6
q = 31
r = 7
z = 42

Ø = 125
α = 32°
β = 98°
γ = 38°

FRENO RUOTA POSTERIORE

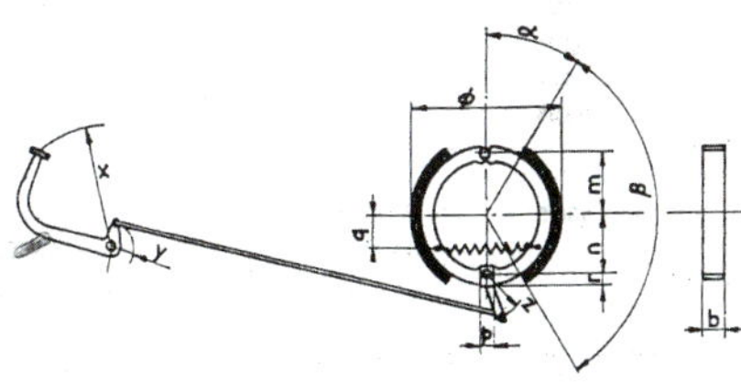

m = 59
n = 62,5
x = 126
y = 30
b = 17
p = 6
q = 44.5
r = 9
z = 38

Ø = 150
α = 32°
β = 116°

IL TIRANTE E' COSTITUITO DA FUNE METALLICA

This chapter brings together technical files and production data regarding all the various Lui models.
The homologation files were valid for the Italian market only given that different regulations and homologation criteria were in force on foreign markets.
With regard to the frame and engine numbering, Innocenti used just two starting numbers: for the 50 C/CL the number 575.001 and for the 75 S/SL the number 650.001. It not therefore possible to know from the frame number alone whether it refers to one version or the other.
It should be noted that the homologation Italian file for the 50 specifies the high 75-style exhaust as an option, but with a different certification number. This was undoubtedly of the type fitted as standard to the 50 S version destined for foreign markets.
The most interesting curiosity regarding the mechanical specification was the crankshaft of the 50 that, even though the spare parts catalogue refers to the model with roller bearings on the flywheel, in reality the one with ball bearings was also fitted.
This is a very important clarification to make because in the case of replacement, the components are not interchangeable and you should always verify which crankshaft is fitted before ordering parts.

Lo schema dell'impianto entrambe le cilindrate, esuberante per il 50 e ben bilanciato per il 75.

The braking system was identical for both displacements, over-engineered for the 50 and well-balanced for the 75.

DISPOSITIVO SILENZIATORE

Approvato dal Ministero dei Trasporti e dell'Aviazione Civile - Direz. Generale Motorizzazione Civile e T.C.
Certificato n. **5630 S** in data **22-2-68**

SILENZIATORE DI SCARICO

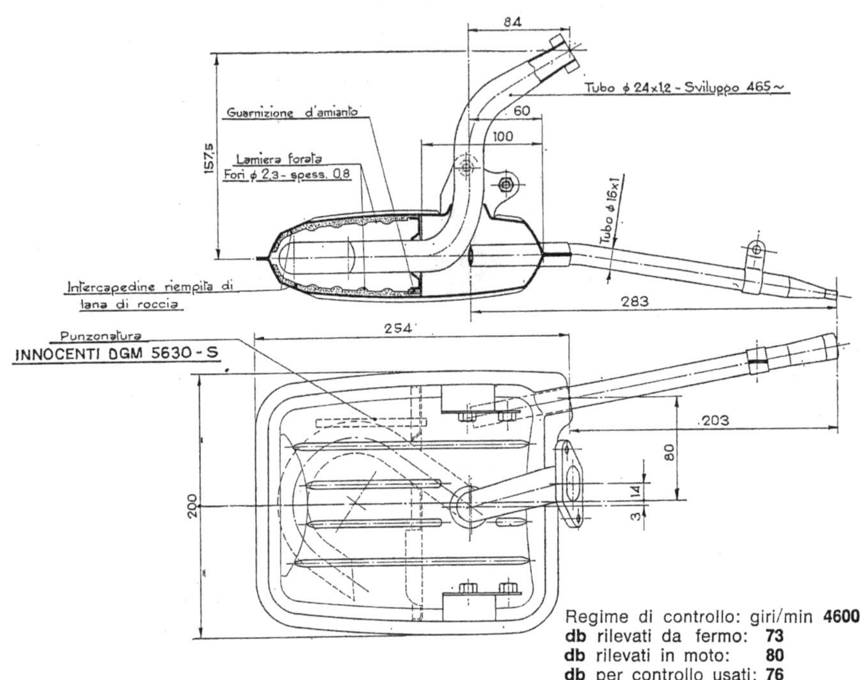

Regime di controllo: giri/min **4600**
db rilevati da fermo: **73**
db rilevati in moto: **80**
db per controllo usati: **76**

SILENZIATORE DI ASPIRAZIONE

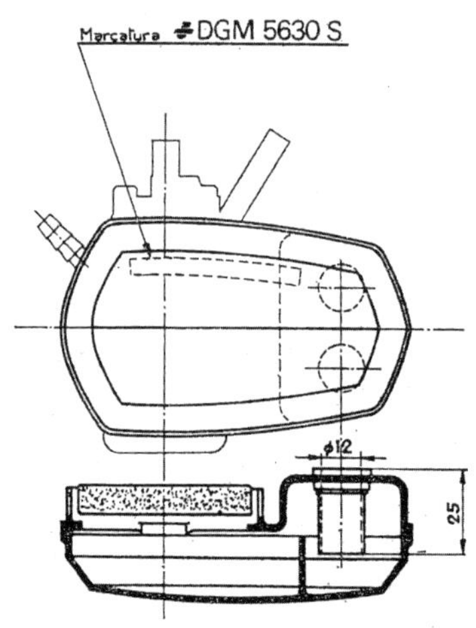

Dati tecnici Lui 50

Motore	monocilindrico a due tempi inclinato di 9° rispetto alla verticale, raffreddamento ad aria forzata, distribuzione a incrocio di corrente e pistone a testa piatta, alesaggio e corsa 38x44 mm, cilindrata 49,8 cc, rapporto di compressione 7,7:1. Potenza CV 1,5 a 4.600 giri.
Accensione	volano magnete-alternatore, anticipo fisso 21° +/- 1°, distanza fra i contatti platinati 0,35/0,45 mm. Bobina AT esterna. Candela a filetto lungo grado termico 225 della scala Bosch, distanza tra gli elettrodi 0,5/0,6 mm.
Lubrificazione	motore: mediante miscela benzina-olio al 2% (al 4% durante i primi 1.500 km di rodaggio). Cambio, trasmissione e frizione: olio SAE 90 (capacità circa 450 gr, sostituzione ogni 4.000 km).
Alimentazione	miscela benzina-olio al 2%; capacità serbatoio litri 6 di cui 1 di riserva.
Carburatore	Dell'Orto SHA 14/12 con filtro aria a cartuccia metallica, diffusore da 12 mm, getto principale 52/100, foro minimo 70/100, valvola gas 6108/01/64, polverizzatore sporgenza 3 mm, regolazione vite minimo a 1/2 giro.
Trasmissione	a catena in bagno d'olio, rapporto 1:4,27 (denti 11/47).
Cambio	a tre rapporti, comandato dalla manopola sinistra girevole. Rapporti interni: 6,44 in prima, 3,53 in seconda e 2,30 in terza.
Telaio	in lamiera stampata saldata e tubo.
Sospensioni	anteriore a levette oscillanti; posteriore gruppo motore-trasmissione-cambio oscillante, con mollone elicoidale e ammortizzatore teleidraulico sul lato destro.
Ruote e pneumatici	cerchi scomponibili in lamiera stampata, pneumatici 3x10", pressioni di gonfiaggio 1,50 ant. e 1,75 post.
Freni	a tamburo, dimensioni utili 125x17 ant. e 150x17 mm post.
Impianto elettrico	alimentato da magnete-volano-alternatore calettato alla sinistra dell'albero motore. Lampada anabbagliante sferica 6V-15W e lampada luce di posizione a siluro 6V-5W nel fanale anteriore; lampada 6V-3W nel fanale posteriore.
Dimensioni e peso (in mm)	lunghezza 1.700, larghezza 656, altezza manubrio 1.028, altezza sella 770, altezza minima 165, interasse 1.202; peso kg 68,5.
Prestazioni (norme CUNA)	consumo litri 1,6 per 100 km; velocità 40 km/h; autonomia 370 km. Pendenza massima superabile 19%.

Lui 50 technical data

Engine	*single-cylinder, two-stroke, inclined at 9° with respect to the vertical, forced air cooling, crossflow cylinder head and flat-top piston, bore and stroke 38x44 mm, displacement 49.8 cc, compression ratio 7.7:1. Power output 1.5 hp at 4,600 rpm.*
Ignition	*flywheel magneto-alternator, fixed advance 21° +/- 1°, gap between platinum points 0.35/0.45 mm. External HT coil. Long thread spark plug, 225 on the Bosch scale, gap 0.5/0.6 mm.*
Lubrication	*engine: 2% fuel oil mixture (4% during the first 1,500 km running in). Gearbox, transmission and clutch: SAE 90 oil (capacity around 450 g, replacement every 4,000 km).*
Fuel	*2% petrol-oil mixture; tank capacity 6 litres including 1 litre reserve.*
Carburettor	*Dell'Orto SHA 14/12 with metal cartridge air filter, 12 mm diffusor, 52/100 main jet, 70/100 idling jet, 6108/01/64 gas valve, 6108/01/64 throttle slide, 3 mm atomizer protrusion, half-turn idle adjustment.*
Final drive	*oil bath chain, ratio 1:4.27 (11/47 teeth).*
Gearbox	*three speeds, controlled via the rotating left-hand grip. Ratios: first 6.44, second 3.53 and third 2.30.*
Frame	*welded pressed steel and steel tubes.*
Suspension	*front lever arms; rear swinging engine-transmission-gearbox assembly, with helicoidal spring and hydraulic shock absorber on the right-hand side.*
Wheels and tyres	*pressed steel separate rims, 3x10" tyres, inflation pressures 1.50 front and 1.75 rear.*
Brakes	*drums, 125x17 front and 150x17 rear.*
Electrical system	*magneto-flywheel-alternator keyed to the crankshaft. 6V-15Wspherical dipped bulb and tubular 6V-5W running light bulb in the headlight; 6V-3W bulb in the rear light.*
Dimensions (mm) and weight (kg)	*length 1,700 mm, width 656 mm, handlebar height 1,028, saddle height 770 mm, minimum height 165 mm, wheelbase 1,202 mm; weight 68.5 kg.*
Performance (CUNA norms)	*fuel consumption 1.6 litres per 100 km; maximum speed 40 kph; range 370 km. Maximum incline 19%.*

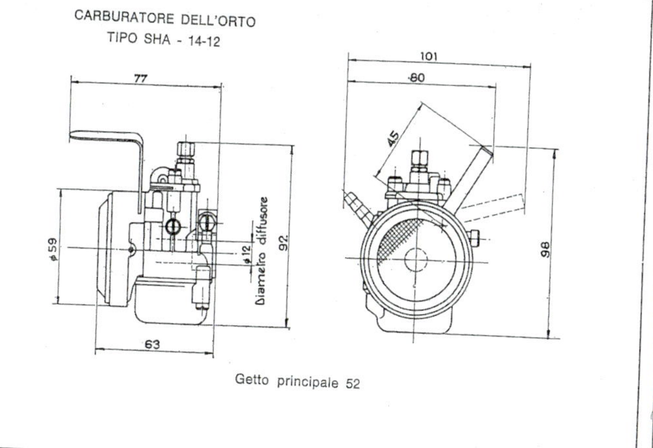

◈ Il ciclomotore viene anche costruito nella versione 50 CL che si differenzia dal tipo base 50 C per il manubrio e l'alloggiamento del proiettore.

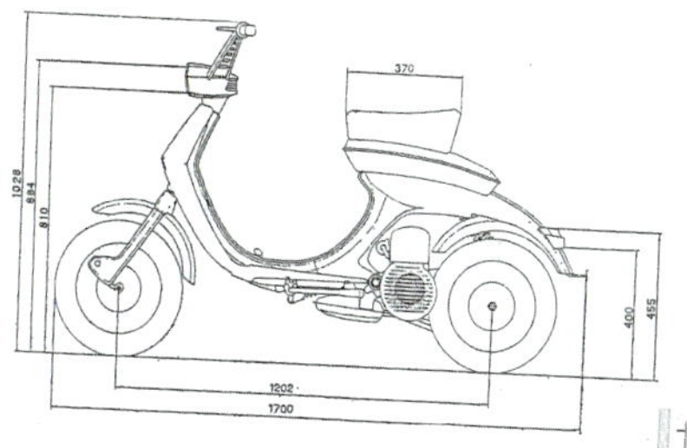

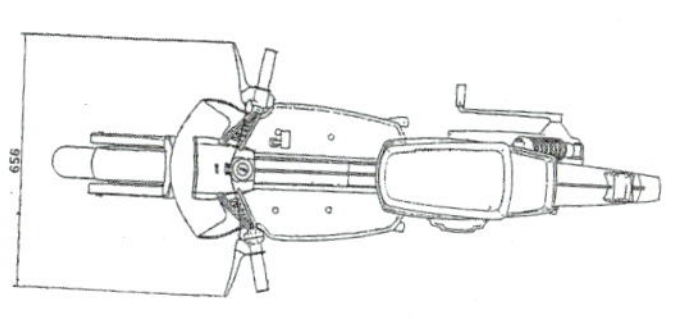

NOTA

Variante autorizzata con la Ministeriale n. 5118/2250/4 del 23-12-1969.
In alternativa verrà montato un silenziatore di scarico, approvato con certificato n. 7325 S in data 9 dicembre 1969, come da schema seguente:

SILENZIATORE DI SCARICO

Vista da A

Punzonatura INNOCENTI DGM 6127 - S

Regime di controllo: giri/min 4600
db rilevati da fermo: 70
db rilevati in moto: 77
db per controllo usati: 76

A fianco, disegno della marmitta opzionale per il mercato italiano. Si tratta dello stesso modello adottato per la versione 50 S per il mercato straniero. Stranamente in Italia è molto difficile trovare un Lui 50 con questo tipo di marmitta, mentre è decisamente più comune vederlo con quella specifica del 75.
Nel disegno del carburatore SH 14-12 la leva del comando starter non è quella adottata sul Lui, che è invece molto più corta e scomoda.

Above, a drawing of the optional silencer for the Italian market. This was the same model adopted for the 50 S for foreign markets.
Strangely, it is very difficult to find a Lui 50 with this type of exhaust in Italy, while it is far more common to see one with the silencer specific to the 75.
In the drawing of the SH 14-12 carburettor the choke control lever is not the one fitted to the Lui, which is instead much shorter and more inconvenient.

Mod. I.G.M. 405

INNOCENTI MILANO

★ MOTOCICLO

Lambretta 75 s "lui" (20/8)

ANNO 1968

Omologato dal Ministero dei Trasporti e dell'Aviazione Civile - Direz. Gen. M.C.T.C. Certificato n. 6126 OM in data 6 Settembre 1968

E' autorizzato il rilascio della dichiarazione di conformità di cui all'art. 53 del T.U. 15-6-1959 n. 393.

Le dimensioni relative ai dispositivi sono indicative. Per esigenze di fabbricazione sono ammesse piccole variazioni.

20/8 ☆1234567890☆

DGM6126OM

Punzonatura telaio: sul lato sinistro in prossimità dell'attacco motore effettuata su una sola riga. Caratteri e grandezza al vero.

★ **TIPO DELLA STRUTTURA** in tubo e in lamiera d'acciaio

Posti . . . . n° **2**

DIMENSIONI

Lunghezza max . . . . m **1,690**
Larghezza max . . . . m **0,660**
★ Passo (a carico) . . . . m **1,202**
Diametro minimo di volta . . . . . . m **3,30**

PESI

Peso a vuoto kg **77** + conducente kg **70** kg **147**
★ Peso complessivo (2 persone) . . . kg **217**

SOSPENSIONI (tipo a descrizione)

anteriore: a biellette oscillanti e ruota tirata
posteriore: a molla elicoidale esterna all'ammortizzatore

RUOTE con cerchio **2.10**

Pneumatici { anteriore **3.00-10** / posteriore **3.00-10**

★ **FRENI** (v. retro)

IMPIANTO ELETTRICO

Alternatore-magnete volano: **volt 6 - watt 33 nomin.**

Dispositivi illuminazione e segnalamento:

Proiettore con luce di posizione anteriore mutuamente incorporata; luce di posizione posteriore con luce di arresto mutuamente incorporata, luce di targa combinata con luce di posizione posteriore; catadiottro raggruppato con la luce di posizione posteriore; dispositivo di segnalazione acustica.

MOTORE:

★ Denominazione o Modello: **75 s**
★ Funzionamento: ciclo Otto, miscela benzina-olio al **2 %**
★ Tempi . . . . n° **2**
★ Cilindri . . . . n° **1**
★ Diametro . . . . mm **46,4**
★ Corsa . . . . mm **44**
★ Cilindrata . . . . cm³ **74,4**
Potenza fiscale . . . . CV **2**
Rapporto di compressione **1/9,3**
★ Potenza max effettiva (I.G.M) . . . { CV **5** / a giri/min **6300**

FRIZIONE a dischi multipli in bagno d'olio

CAMBIO DI VELOCITA' E TRASMISSIONE

N° 4 marce con comando a mano sulla manopola sinistra

★ Trasmissione primaria: a catena
Motore-cambio: . . . . **13/46 = 1/3,54**
Cambio velocità: Prima: . . . . **9/49 = 1/5,44**
Seconda: . . . **13/46 = 1/3,54**
Terza: . . . . **16/42 = 1/2,62**
Quarta: . . . . **20/39 = 1/1,95**

★ Velocità massima calcolata a n° giri di massima potenza (rapporto totale motore ruota: **1/6,90**) **km/h 65,40.**

★ Ruota posteriore calettata sull'albero d'uscita del cambio.

PRESTAZIONI:

1 km con partenza da fermo, solo pilota: **54,9 sec; 65,6 km/h**
Velocità max effettiva, 1 km lanciato, solo pilota: **43,7 sec; 82,5 km/h**
Velocità max effettiva, 1 km lanciato, pieno carico: **51,5 sec; 70 km/h**

Consumo (norme CUNA): **2 litri/100 km**

SERBATOIO: Capacità totale litri **6**

SILENZIATORE (v. retro)

★ Caratteristiche essenziali la cui modifica comporta la necessità di una nuova omologazione (art. 225 del D.P.R. 30-6-1959 n. 420).

Dati tecnici Lui 75

Motore	monocilindrico a due tempi inclinato di 9° rispetto alla verticale, raffreddamento ad aria forzata, distribuzione a incrocio di corrente e pistone a testa piatta, alesaggio e corsa 46,6x44 mm, cilindrata 74,4 cc, rapporto di compressione 9,3:1. Potenza CV 5 a 6.300 giri.
Accensione	volano magnete-alternatore, anticipo fisso 21° +/- 1°, distanza fra i contatti platinati 0,35/0,45 mm. Bobina AT esterna. Candela a filetto lungo grado termico 225 della scala Bosch, distanza tra gli elettrodi 0,5/0,6 mm.
Lubrificazione	motore: mediante miscela benzina-olio al 2% (al 4% durante i primi 1.500 km di rodaggio). Versione SL con sistema Lubematic: pompa comandata dall'albero motore e dalla manopola del gas, con mandata dell'olio nel condotto di ammissione. Cambio, trasmissione e frizione: olio SAE 90 (capacità circa 620 gr, sostituzione ogni 4.000 km).
Alimentazione	miscela benzina-olio al 2%; capacità serbatoio litri 5 di cui 1 di riserva. La versione SL ha serbatoio da 4 litri più serbatoio dell'olio da litri 1.
Carburatore	Dell'Orto SH1/20 con filtro aria a cartuccia metallica, diffusore da 20 mm, getto principale 68/100, foro minimo 45/100, valvola gas 15x4, polverizzatore 2 fori da 0,75 mm, spillo conico verticale.
Trasmissione	a catena in bagno d'olio, rapporto 1:3,54 (denti 13/46).
Cambio	a quattro rapporti, comandato dalla manopola sinistra girevole. Rapporti interni: 5,44 in prima, 3,54 in seconda e 2,62 in terza e 1,95 in quarta.
Telaio	in lamiera stampata saldata e tubo.
Sospensioni	anteriore a levette oscillanti; posteriore gruppo motore-trasmissione-cambio oscillante, con mollone elicoidale e ammortizzatore teleidraulico sul lato destro.
Ruote e pneumatici	cerchi scomponibili in lamiera stampata, pneumatici 3x10", pressioni di gonfiaggio 1,50 ant. e 1,75 post. con il solo guidatore; 1,50 ant. e 2,50 post. col passeggero.
Freni	a tamburo, dimensioni utili 125x17 ant. e 150x17 mm post.
Impianto elettrico	alimentato da magnete-volano-alternatore 6V-33W calettato alla sinistra dell'albero motore. Lampada anabbagliante sferica 6V-25/25W e lampada luce di posizione a siluro 6V-5W nel fanale anteriore; lampada biluce 6V-3/15W nel fanale posteriore.
Dimensioni e peso (in mm)	lunghezza 1.690, larghezza 660, altezza manubrio 1.050, altezza sella 770, altezza minima 120, interasse 1.202; peso kg 73.
Prestazioni (norme CUNA)	consumo litri 2 per 100 km; velocità 82,5 km/h; autonomia 300 km. Pendenza massima superabile 36%.

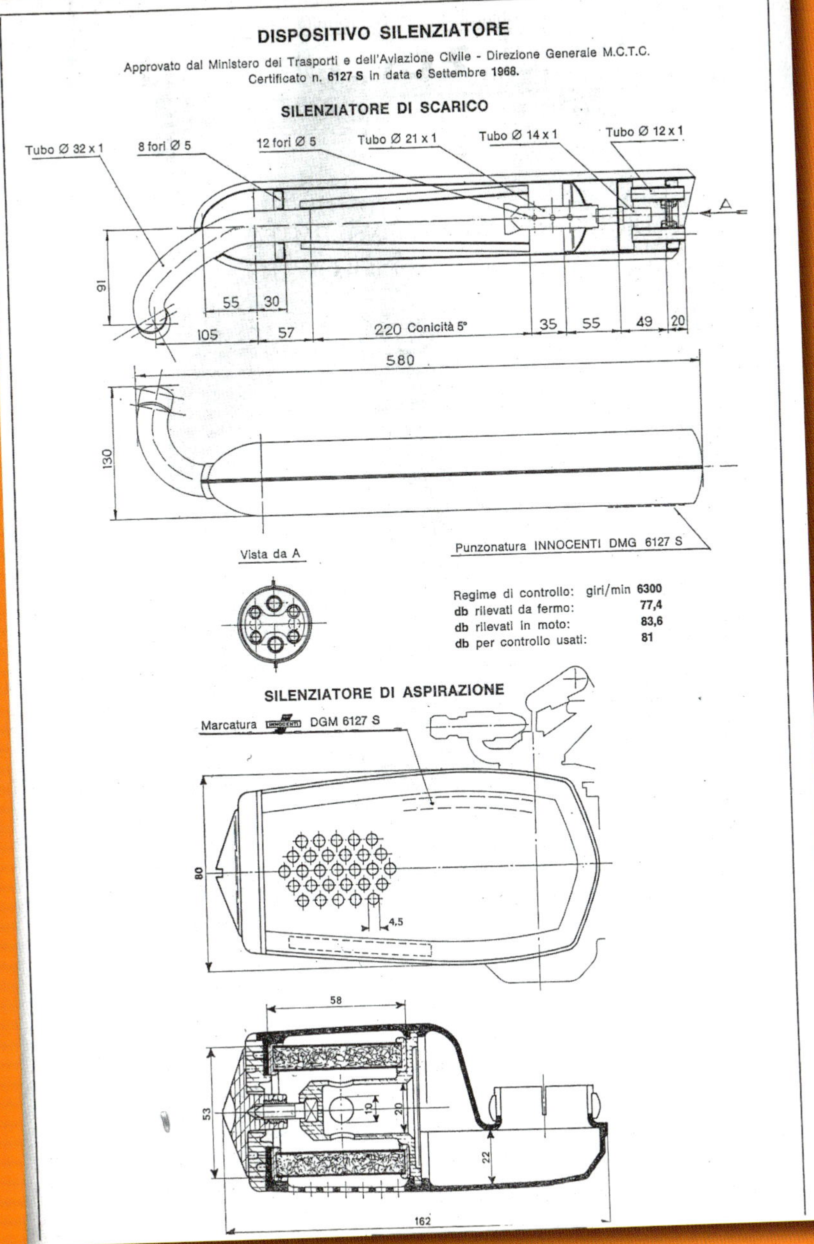

La complessa marmitta del Lui 75 comprendeva diverse paratie interne, coni e controconi che ne limitavano parecchio la possibilità di pulizia interna. La scatola filtro in materiale plastico si rivelerà molto delicata e troppo esposta agli urti. Spesso la si trova tutta crepata con riparazioni sommarie di emergenza. L'elemento filtrante è costituito da una cartuccia di carta facilmente sostituibile.

The complex silence of the Lui 75 included a number of internal bulkheads, cones and counter-cones that severely limited the possibility of internal cleaning. The plastic filter box proved to be very delicate and over-exposed to impacts. It is frequently found to be cracked and carrying improvised emergency repairs. The filter itself is an easily replaced paper cartridge.

Lui 75 technical data

Engine	*single-cylinder, two-stroke, inclined at 9° with respect to the vertical, forced air cooling, crossflow cylinder head and flat-top piston, bore and stroke 46,6x44 mm, displacement 74.4 cc, compression ratio 9.3:1. Power output 5 hp at 6,300 rpm.*
Ignition	*flywheel magneto-alternator, fixed advance 21° +/- 1°, gap between platinum points 0.35/0.45 mm. External HT coil. Long thread spark plug, 225 on the Bosch scale, gap 0.5/0.6 mm.*
Lubrication	*engine: 2% fuel oil mixture (4% during the first 1,500 km running in). SL version with the Lubematic system: crankshaft-driven pump controlled by the throttle, supplying oil to the intake manifold. Gearbox, transmission and clutch: SAE 90 oil (capacity around 620 g, replacement every 4,000 km).*
Fuel	*2% petrol-oil mixture; tank capacity 5 litres including 1 litre reserve. The SL version had a 4-litre tanks plus a 1-litre oil reservoir.*
Carburettor	*Dell'Orto SH1/20 with metal cartridge air filter, 20 mm diffusor, 68/100 main jet, 45/100 idling hole, 6108/01/64 gas valve, 15x4 throttle slide, twin 0.75 mm-hole atomizer, vertical conical needle.*
Transmission	*oil bath chain, ratio 1:3.54 (13/46 teeth).*
Gearbox	*four speeds, controlled via the rotating left-hand grip. Ratios: first 5.44, second 3.54, third 2.62 and fourth 1.95.*
Frame	*welded pressed steel and steel tubes.*
Suspension	*front lever arms; rear swinging engine-transmission-gearbox assembly, with helicoidal spring and hydraulic shock absorber on the right-hand side.*
Wheels and tyres	*pressed steel separate rims, 3x10" tyres, inflation pressures 1.50 front and 1.75 rear with rider only; 1.50 front and 2.50 rear with passenger.*
Brakes	*drums, 125x17 front and 150x17 rear.*
Electrical system	*6V-33W magneto-flywheel-alternator keyed to the crankshaft. 6V-25/25W spherical dipped bulb and tubular 6V-5W running light bulb in the headlight; 6V-3/15W twin bulb in the rear light.*
Dimensions (mm) and weight (kg)	*length 1,690 mm, width 660 mm, handlebar height 1,050, saddle height 770 mm, minimum height 120 mm, wheelbase 1,202 mm; weight 73 kg.*
Performance CUNA norms)	*fuel consumption 2 litres per 100 km; maximum speed 82,5 kph; range 300 km. Maximum incline 36%.*

Dati produzione

Lui 50 C-CL

Prodotto in 27.812 esemplari da marzo 1968 a giugno 1969.

Il numero di telaio è punzonato nella parte inferiore sinistra, appena sopra la parte posteriore del tappeto. La numerazione inizia da 575.001, preceduta dal prefisso "20/9".

Il numero di motore è punzonato nella parte anteriore del carter, seminascosto dai cavi di comando. Anche la numerazione del motore inizia da 575.001 ed è preceduta dal prefisso "J50": mantiene una stretta correlazione col numero di telaio, raramente supera il migliaio di unità di differenza.

Lui 75 S-SL

Prodotto in 9.402 esemplari (7.335 S e 2.067 SL) in 15 mesi di produzione: agosto/dicembre 1968, gennaio/giugno 1969 e nei mesi di febbraio, aprile, settembre e dicembre 1970.

Le numerazioni di telaio e motore iniziano con 650.001: il telaio ha prefisso "20/8", il motore ha prefisso "75S".

La posizione delle punzonature è come sui modelli 50; anche per il 75 esiste stretta correlazione tra numero di telaio e numero di motore.

Production data

Lui 50 C-CL

Produced in 27.812 examples from March 1968 to June 1969.

The frame number is stamped on the lower left-hand side, just above the rear edge of the mat. Numbering started from 575.001, with the prefix 20/9.

The engine number was stamped at the front of the crankcase, semi-hidden by the control cables. The engine numbering also started from 575.001 and carried the J50 prefix: the numbering maintained a close correlation with the frame number, rarely exceeding a difference of a thousand units.

Lui 75 S-SL

Produced in 9,402 examples (7,335 S and 2,067 SL) over 15 months: August/December 1968, January/June 1969 and in the months of February, April, September and December 1970.

The frame and engine numbering started from 650.001: the frame had the prefix 20/8 and the engine the prefix 75S.

The numbers were stamped in the same position as on the 50 cc models; in the case of the 75 too there was a close correlation between the frame and engine numbers.

I colori del Lui con i codici del sistema Lechler

Lui 50 C: Biancospino 8082

Lui 50 CL: Arancione 8037, Verde Mela 8039, Turchese 8016

Lui 75 S-SL: Grigio Metallizzato 8060, Ocra 8080, Rosso 8073, Oro Chiaro Metallizzato 8063

Le parti verniciate in alluminio erano sempre Grigio Metallizzato 8081. Questi sono i colori standard. Era possibile che per alcuni mercati specifici fossero stati allestiti dei modelli con colori diversi. Solo per l'Italia: nel caso si volesse verniciare un Lui 75 nei colori Rosso o Oro Chiaro è assolutamente necessario fornire la prova che lo scooter sia stato trovato in condizioni originali di quello specifico colore; altrimenti non può essere omologato come veicolo di interesse storico.

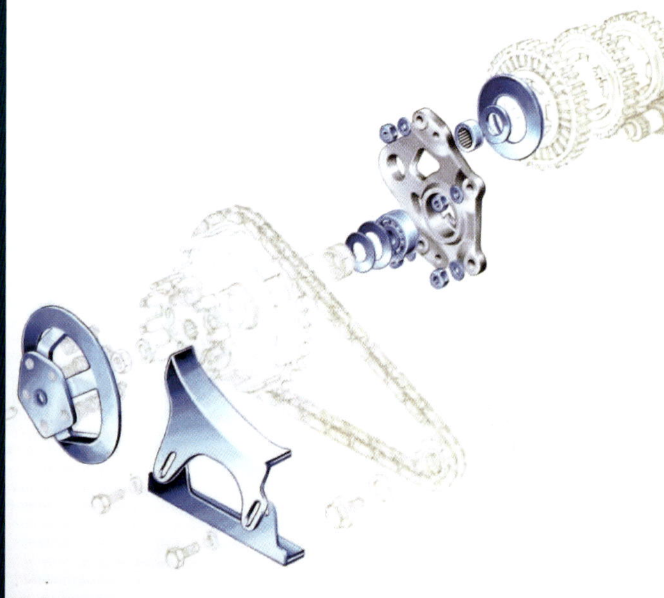

Un bellissimo disegno del motore esploso fatto a mano dai disegnatori della Innocenti. Si tratta di un incompiuto, fortunosamente ritrovato durante una delle mie visite all'interno dello stabilimento.

A fine exploded view of the engine drawn by hand by the Innocenti draughtsmen. This unfinished drawing was found by chance during one of my visit to the plant.

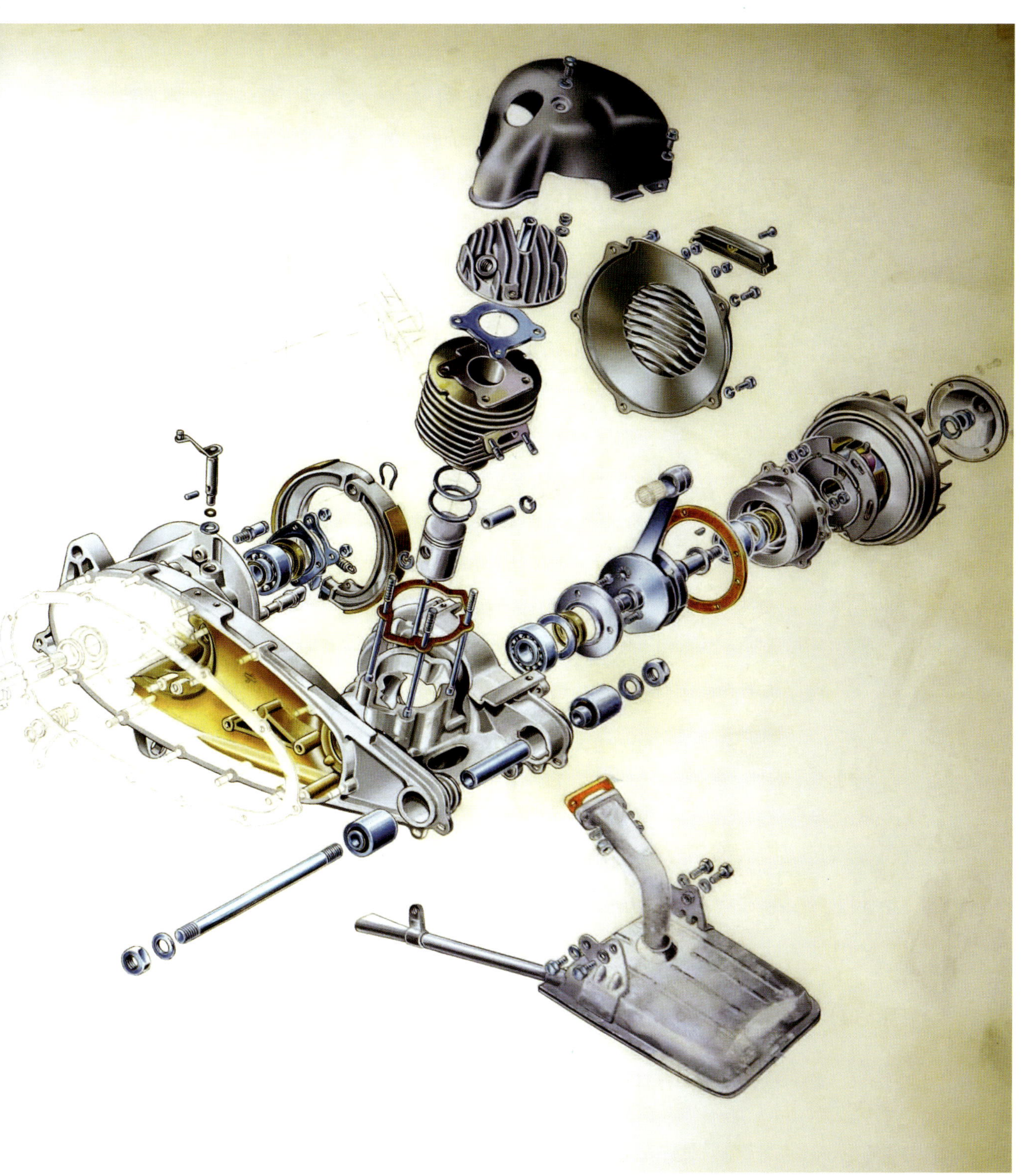

The Lui colour schemes with the Lechler system codes

Lui 50 C: *Biancospino 8082*
Lui50 CL: *Arancione 8037, Verde Mela 8039, Turchese 8016*
Lui 75 S-SL: *Grigio Metallizzato 8060, Ocra 8080, Rosso 8073, Oro Chiaro Metallizzato 8063*

The aluminium painted parts were always Grigio Metallizzato 8081

These were the standard colours. It is possible that for certain specific markets models with different colours were prepared.

For Italy only: should you wish to repaint a Lui 75 in the colours Rosso or Oro Chiaro it is vital that you supply proof that the scooter was found in original condition with that specific colour: otherwise you will not be able to homologate the scooter as a vehicle of historic interest.

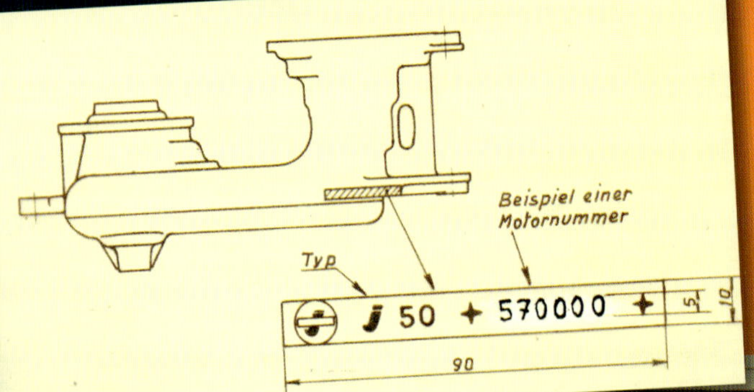

Posizioni dove punzonare il numero di telaio e motore.
Interessante notare che il numero di motore del Lui mantiene il prefisso della serie Junior, pur avendo un carter specifico e diverse modifiche alla trasmissione.
La posizione del numero di motore è sempre la stessa per tutti i modelli, mentre quello di telaio può essere punzonato sulla parte destra, su specifiche richieste di alcuni stati.

Positions for the stamping of the frame and engine numbers.
It is interesting to note that the Lui engine number retains the Junior series prefix, despite having a specific crankcase and a number of transmission differences.
The position of the engine number is the same on all models, while the frame number could be stamped on the right-hand side at the specific request of certain countries.

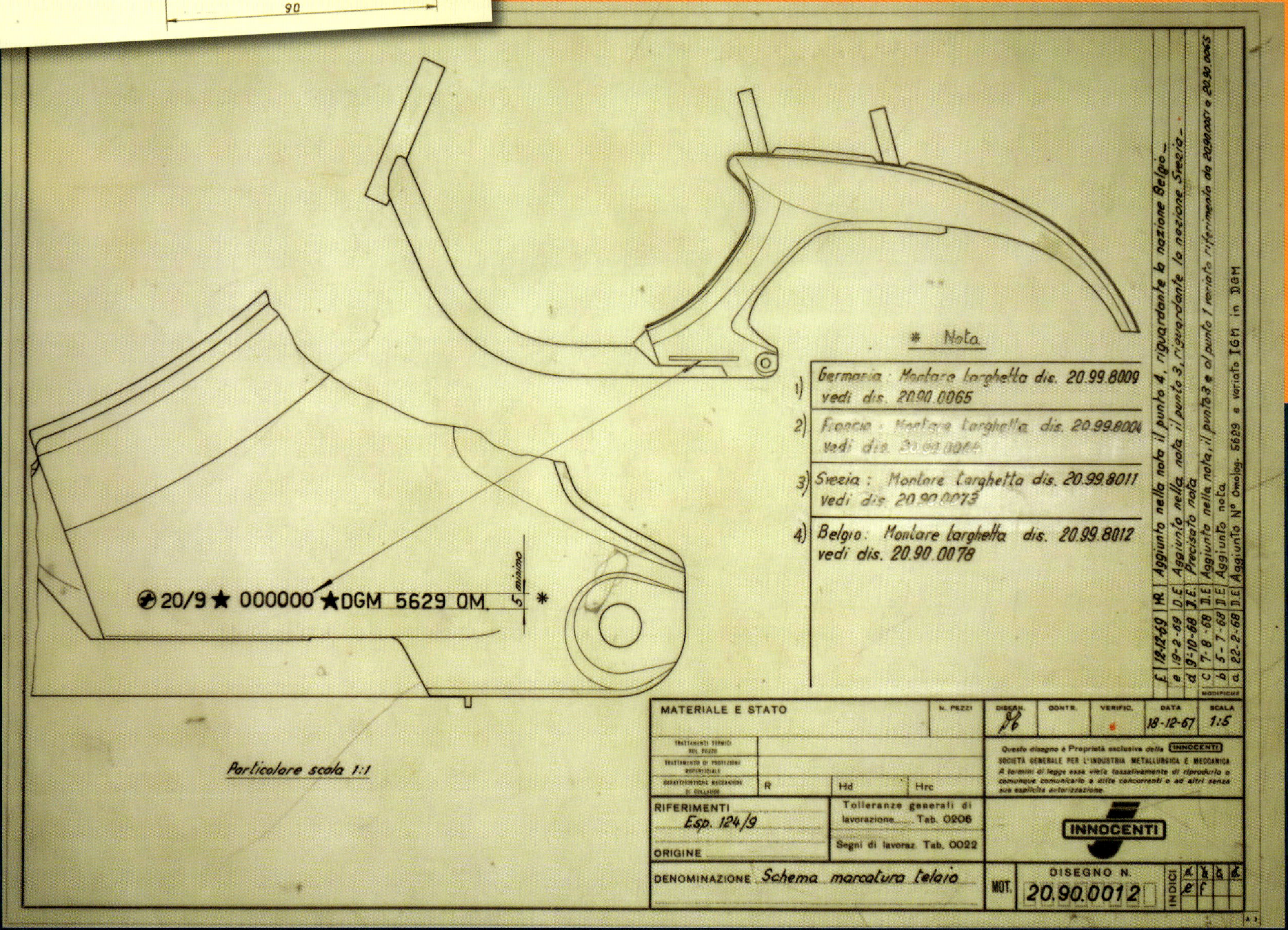

⊘ 20/9 ★ 000000 ★ DGM 5629 OM.

5 minimo

* Nota

1) Germania: Montare targhetta dis. 20.99.8009 vedi dis. 20.90.0065

2) Francia: Montare targhetta dis. 20.99.8004 vedi dis. 20.90.0064

3) Svezia: Montare targhetta dis. 20.99.8011 vedi dis. 20.90.0073

4) Belgio: Montare targhetta dis. 20.99.8012 vedi dis. 20.90.0078

f	18-12-69	HR.	Aggiunto nella nota il punto 4, riguardante la nazione Belgio_
e	19-2-69	D.E.	Aggiunto nella nota il punto 3, riguardante la nazione Svezia_
d	9-10-68	J.E.	Precisato nota
c	7-8-68	D.E.	Aggiunto nella nota, il punto 3 e al punto 1 variato riferimento da 20.90.0051 a 20.90.0065
b	5-7-68	D.E.	Aggiunto nota
a	22-2-68	D.E.	Aggiunto N° Omolog. 5629 e variato IGM in DGM
MODIFICHE			

Particolare scala 1:1

MATERIALE E STATO	N. PEZZI	DISEGN.	CONTR.	VERIFIC.	DATA	SCALA
					18-12-67	1:5

TRATTAMENTI TERMICI DEL PEZZO			
TRATTAMENTO DI PROTEZIONE SUPERFICIALE			
CARATTERISTICHE MECCANICHE DI COLLAUDO	R	Hd	Hrc

Questo disegno è Proprietà esclusiva della INNOCENTI SOCIETÀ GENERALE PER L'INDUSTRIA METALLURGICA E MECCANICA. A termini di legge essa vieta tassativamente di riprodurlo o comunque comunicarlo a ditte concorrenti o ad altri senza sua esplicita autorizzazione.

RIFERIMENTI Esp. 124/9

ORIGINE

Tolleranze generali di lavorazione Tab. 0206

Segni di lavoraz. Tab. 0022

INNOCENTI

DENOMINAZIONE Schema marcatura telaio

MOT. DISEGNO N. 20.90.0012

INDICI a b c d e f